Carl Menger

Carl Menger's Lectures to
Crown Prince Rudolf of Austria

卡尔·门格尔的经济课

来自奥地利王储鲁道夫的笔记

［奥地利］ 鲁道夫·弗兰茨·卡尔·约瑟夫
卡尔·门格尔
著

［奥地利］ 埃里希·W. 施特莱斯勒
莫妮卡·施特莱斯勒
编

熊 越
译

中国社会科学出版社

图字：01-2017-9065号
图书在版编目（CIP）数据

卡尔·门格尔的经济课：来自奥地利王储鲁道夫的笔记/（奥）鲁道夫·弗兰茨·卡尔·约瑟夫，（奥）卡尔·门格尔著；（奥）埃里希·W.施特莱斯勒，（奥）莫妮卡·施特莱斯勒编；熊越译．—北京：中国社会科学出版社，2020.11
ISBN 978-7-5203-6551-2

Ⅰ.①卡… Ⅱ.①鲁… ②卡… ③埃… ④莫… ⑤熊… Ⅲ.①门格尔（Menger,Carl 1840-1921）—经济理论—文集 Ⅳ.①F091.343-53

中国版本图书馆CIP数据核字（2020）第087226号

CARL MENGER'S LECTURES TO CROWN PRINCE RUDOLF OF AUSTRIA By CARL MENGER(AUTHOR), ERICH W. STREISSLER(EDITOR), MONIKA STREISSLER (TRANSLATOR), DAVID F. GOOD (TRANSLATOR)
Copyright © ERICH W. STREISSLER, MONIKA STREISSLER 1994
This edition arranged with EDWARD ELGAR PUBLISHING LIMITED(EE) through Big Apple Agency, Inc., Labuan, Malaysia.
Simplified Chinese edition copyright © 2020 CHINA SOCIAL SCIENCES PRESS
All rights reserved.

出 版 人	赵剑英
项目统筹	侯苗苗
责任编辑	侯苗苗　沈　心
责任校对	周晓东
责任印制	王　超

出　　版	中国社会科学出版社
社　　址	北京鼓楼西大街甲158号
邮　　编	100720
网　　址	http://www.csspw.cn
发 行 部	010-84083685
门 市 部	010-84029450
经　　销	新华书店及其他书店

印刷装订	北京君升印刷有限公司
版　　次	2020年11月第1版
印　　次	2020年11月第1次印刷

开　　本	880×1230　1/32
印　　张	6.125
字　　数	125千字
定　　价	68.00元

凡购买中国社会科学出版社图书，如有质量问题请与本社营销中心联系调换
电话：010-84083683
版权所有　侵权必究

本书献给赫尔穆特·H. 哈舍克（Helmut H. Haschek, 1930—1993），奥地利监督银行股份公司（Oesterreichische Kontrollbank AG）执行董事会主席、金融专家、社会科学和美学艺术的朋友与不懈保护者。他的去世是奥地利的损失。

卡尔·门格尔（*Carl Menger*，1840年2月23日—1921年2月26日）

鲁道夫王储（*Crown Prince Rudolf*，1858年8月21日—1889年1月30日）

目　录

致　谢 ·· 1

中译者序：镜子里的卡尔·门格尔 ·· 3

英译者和编辑助理的注释 ··· 9

王储鲁道夫在卡尔·门格尔课上的笔记本 ································ 13

引言：鲁道夫讲稿中的门格尔经济学研究 ································ 15

政治经济学Ⅰ. 1876年1月 ·· 56

政治经济学Ⅱ. 1876年1月 ·· 70

政治经济学Ⅲ. 1876年1月 ·· 79

政治经济学Ⅳ. 1876年1月 ·· 92

政治经济学Ⅴ. 1876年2月 ·· 102

政治经济学Ⅵ. 1876年2月 ·· 111

政治经济学Ⅶ. 1876年2月 ·· 122

政治经济学Ⅷ. 1876年2—3月 ··· 132

政治经济学Ⅸ. 1876年3月 ·· 140

政治经济学 X. 1876 年 3 月 …………………………………… 144

政治经济学 XI. 1876 年 3 月 …………………………………… 155

政治经济学 XII. 1876 年 3 月 …………………………………… 164

政治经济学 XIII. 1876 年 4 月 …………………………………… 173

公共财政　论税收 I　1876 年 ………………………………… 178

公共财政　论税收 II　1876 年 ………………………………… 187

致　　谢

　　自历史学家布丽奇特·哈曼（Brigitte Hamann）发现鲁道夫王储的门格尔笔记本以来，赫尔穆特·哈舍克教授、博士所代表的奥地利控管银行股份公司对它的出版一直表现出浓厚的兴趣。正是控管银行资助了哈曼博士对原稿的初次抄写；也是控管银行——通过哈舍克博士银行职位的两位继任者约翰内斯·艾登斯（Johannes Attems）博士和格哈德·帕夏克（Gerhard Praschak）博士——对印刷费用的慷慨解囊让本书的出版成为可能。

　　我对这种支持深表赞赏。

　　我非常感谢哈曼博士让我注意到原稿，并且亲切地让我使用她的抄本的打字稿。我的妻子在国家档案馆工作的每一阶段，哈曼女士都提供了极有帮助的建议。我们高兴地借此机会感谢她的善意协助。

　　我们礼貌地将笔记本书页的照片附于书中，以此衷心感谢奥地利国家档案馆（Haus‐, Hof‐ und Staatsarchiv）公务员的帮助。奥地利国家图书馆（Bildarchiv der Osterreichischen Nationalbibliothek）所属的图片档案馆允许我们复印了这些档案中可用的1876年鲁道夫王储照片，而奥地利科学院档案馆提供了日期不详的卡尔·门格尔照片。

埃里希·W. 施特莱斯勒

中译者序：
镜子里的卡尔·门格尔

熊 越

卡尔·门格尔（Carl Menger, 1840—1921年），生于奥匈帝国加利西亚地区（今属波兰）一个富裕的贵族家庭，是奥地利经济学派的创始人和"最大公约数"。

作为边际革命三杰之一，门格尔在经济思想史上是一位绕不过去的人物。著名经济学家约瑟夫·熊彼特（Joseph A. Schumpeter）曾这样评价他："门格尔可以说是在科学史上做出一种具有决定意义的成就的思想家之一。他的名字将永远和革新整个经济理论领域的一个新的解释原则联系在一起。"[①] 基于边际效用法则，门格尔彻底地重建了价格理论。

然而，与其不朽地位不相称的是，门格尔的一生只留下了为

---

① Joseph A. Schumpeter, "Carl Menger", *Ten Great Economists: From Marx to Keynes* (London: Routledge, 1997), p. 80.

数不多的几本著作,包括《国民经济学原理》(*Principles of Economics*,1871年)、《经济学方法论探究》(*Investigations into the Method of the Social Sciences with Special Reference to Economics*,1883年)、《德国经济学历史主义的错误》(*The Errors of Historicism in German Economics*,1884年)、《资本理论》(*The Theory of Capital*,1888年)和《货币的起源》(*On the Origins of Money*,1892年)。其中,开创性代表作《国民经济学原理》仅仅是他设想中综合性巨著的第一部分,即序言部分,不幸的是,门格尔并没有完成构想中的第二、三、四部分。①

也就是说,从这几本著作中,我们只能较为准确地得知门格尔在方法论上的观点——与德国历史学派的"方法论论战"(*Methodenstreit*)给了他充分阐述的机会;在经济理论方面,我们只能读到他一些未被充分阐述的理论;而对于门格尔在经济政策上的立场,我们无从知晓。对门格尔的研究者和追随者来说,这未免不是一种遗憾:对于门格尔的生平和思想体系,未知的部分竟然远远多于已知的部分。连诺贝尔经济学奖得主、奥地利学派代表人物哈耶克(F. A. Hayek)都曾写道:

---

① F. A. Hayek, "Carl Menger (1840 – 1921)", in *The Fortunes of Liberalism: Essays on Austrian Economics and the Ideal of Freedom*, vol. 4, *The Collected Works of F. A. Hayek*, Peter G. Klein, ed. (Chicago: University of Chicago Press, 1992), p. 69.

▶ 中译者序:镜子里的卡尔·门格尔

"对于一个几乎从未与卡尔·门格尔谋面的人来说,要补叙一段他的科学经历,品味他的个性、人品,未免有些强人所难。但是,当代经济学家对他几乎一无所知,而且尚未有综合性的文献描述可以利用,故此,收集一下他的旧友新知、门生弟子关于他的只言片语,以及维也纳街头巷尾的口头传说,也未尝不可。"①

幸运的是,1986年历史学家布丽奇特·哈曼(Brigitte Hamann)博士在奥地利国家档案馆浩瀚的文献资料中发现了奥地利王储鲁道夫(Crown Prince Rudolf)的经济学课程笔记,而授课老师正是卡尔·门格尔!更为幸运的是,根据本书编者埃里希·施特莱斯勒教授的考证,认真的学生鲁道夫如实地记录了门格尔的授课内容,不仅如此,通过有意识地筛选授课内容,聪明的老师门格尔也巧妙地借着亚当·斯密(Adam Smith)等先贤的嘴说出了自己的话。②

因此,我们可以认为,这些笔记为我们提供了一面镜子,让我们可以通过它从另一个角度观察门格尔。诚然,镜像都会失

---

① F. A. Hayek, "Carl Menger (1840–1921)", in *The Fortunes of Liberalism: Essays on Austrian Economics and the Ideal of Freedom*, vol. 4, *The Collected Works of F. A. Hayek*, Peter G. Klein, ed. (Chicago: University of Chicago Press, 1992), p. 69.

② 见本书第 15–54 页。

真，但不至于让我们认错人。这份被门格尔本人批改过的珍贵史料，已经能给我们足够多有价值的信息了。

在这面镜子里，我们至少可以看出两个重要结论：

第一，门格尔是否是一位古典自由主义者？在今天，奥地利学派经济学逐渐被人与古典自由主义（及其现代版本自由至上主义）混为一谈，我们却长期无从知晓其创始人的意识形态。有了这面镜子，我们可以看到，门格尔不仅是古典自由主义者，还是一位相当纯粹的古典自由主义者，其追求自由放任的程度，甚至超过了亚当·斯密。

第二，门格尔是一位古典经济学的改革者还是革命者？也就是说，门格尔是想以其边际革命来修补古典经济学的理论大厦，还是摧毁它并建立自己的理论大厦？有了这面镜子，我们可以看到，门格尔更多地把自己视为了亚当·斯密的追随者，即古典经济学的改革者。[①] 值得一提的是，在门格尔留下的大约2万本私人藏书中，有29本亚当·斯密的著作，其中包括不同语言、不同版本的多本《国富论》。

由于本书可以被视为门格尔版本的治国方略，它对今天的中国也具有不小的现实意义。在改革开放之后，中国越来越依靠市场来配置资源，得到的结果是令世界各国羡慕的：中国经济保持

---

① 见本书第45-54页。

中译者序:镜子里的卡尔·门格尔

了长期的高速发展,人均收入大幅上涨。而本书所教授的各种知识点,似乎也在建议我们应该坚持市场化改革,继续发展经济,以迎来国家的崛起,民族的复兴。

在本书的翻译中,我坚持了本书英译者的思路,尽可能地保留原文的意思和表达。① 由于年代差异和语言差异,这当然也在可接受的范围内牺牲了一些文字的流畅性。

对于书中大量出现的《国富论》原文,我参考了郭大力、王亚南翻译的经典版本,不过,由于郭版年代久远,在语言风格上已经与今天的习惯表达相去甚远,我在遵循原意的前提下对其进行了一定的文字调整。

在脚注的处理上,为了便于读者查找,我尽可能地保留了参考文献的原始信息。而对于没有学术背景的非专业读者来说,只需知道它们分别代表了作者、书名、出版地址、出版社、页码等关键信息即可。比如,"Mark Blaug, *Economic Theory in Retrospect*, 4th ed., Cambridge, Cambridge University Press, p. 302."即表示作者为 Mark Blaug,书名为 *Economic Theory in Retrospect*,第四版,出版地和出版社为 Cambridge 和 Cambridge University Press,第 302 页。脚注中出现的"f.""ff."表示页后,p. 表示页码。其他学术简略用法此不赘述。

---

① 见本书第 11 页。

此外，本书编者埃里希·施特莱斯勒教授大量混用了"讲稿"（Lectures）和"笔记"（Notebooks）两个词，在提到这份资料的时候，会有"门格尔/鲁道夫"与"讲稿/笔记"的不同组合。这可能会给部分读者造成一定困惑。实际上，这是因为两者在编者眼里是一回事，由于鲁道夫如实地记录了门格尔的话，所以门格尔的讲稿，也就是鲁道夫的笔记。在翻译的时候，我都遵照了原文，把"Lectures"翻译成"讲稿"，而把"Notebooks"翻译成"笔记"。

在校对《奥地利学派的大师们》（*The Great Austrian Economists*）的时候，我从脚注中得知了本书的存在，随后我联系中国社会科学出版社组织了本次出版。感谢本书原编辑郭晓娟和现编辑沈心的努力，让本书的出版成为可能。另外，董子云博士、邝颖达、黎幸彬和晓涵也为本书的校对工作提供了不少帮助。当然，任何翻译错误都完全是我的责任。

最后，我还想说，从这面镜子里，我们还能看到曾经无比辉煌的奥匈帝国的残影，看到一位被视为帝国继承人的年轻人要接受什么样的精英教育，以及一位一百多年前的伟大经济学家是如何给人授课的。祝大家开卷有益。

熊越

2020年3月8日于杭州

英译者和编辑助理的注释

从第 1 页①可以看出，在卡尔·门格尔授课之后，鲁道夫王储写下的政治经济学讲稿的手稿共有 17 个笔记本。每个笔记本有 8 张纸，即 16 页。在笔记本 I – XIII 中，这些纸张是连续编号的（在其首页上）；在关于公共财政的笔记本（列表中的第 14 和 15 本）里，纸张编号从 1 开始重新开始。我们在抄本边缘印出了页码，它指的是纸张，并表示为正面（"r"，recto）和反面（"v"，verso）。在手稿中，纸张编号是铅笔写的；它们是被后来加上的。

15 本②笔记本大部分是鲁道夫的笔迹：墨水书写、哥特手写体、偶见一些拉丁文单词。手写间隔均匀，大部分都易于阅读。门格尔纠正鲁道夫的文字——部分是哥特式，部分是拉丁文，主要用铅笔，偶尔用彩色铅笔。笔记本 I 和 II 有一部分完全是门格尔的笔迹（墨水），即 I 的第 5r 页到第 7v 页的中部，和 II 的第 9r – 15v 页。在第 10v 页，可以找到整个手稿中唯一一个不是清

---

① 即本书第 13 – 14 页。下页提到的"第 1 页"同。中译者注。
② 17 本里 15 本是原本，2 本是修订本 16、17。中译者注。

晰无疑的单词，即使它是用拉丁文写成的。① 在这本出版物的德文中②，门格尔所写的内容都是斜体。笔记本中的下划线是由黑线来表达的。

偶尔，在笔记本的边缘处写了一些单词或（部分）句子。这些也经过抄写，并标注在方括号中。如果它们是门格尔写的，会标出"CM"。没有给出名字的地方，添加边注的是鲁道夫。

在鲁道夫原始的笔记本Ⅷ和Ⅸ之外，还存在一份它们的修订本——笔迹是尚未确定身份的第三个人：大概这是由于门格尔对原件进行了大量的删改或重编（虽然肯定不会超过关于公共财政的笔记本，即列表中的第 14 和 15 本，它们没有可用的修订本）。目前的抄本来自这个修订本，即列表中的第 16 和 17 号笔记本。它们再次被分别编号。门格尔的改编，以及长篇删除鲁道夫的原文，造成了在两个关于公共财政的笔记本的抄本边缘有些奇怪的间距和页码顺序。

在出版时，我们必须决定是按照主题还是按照笔记本来划分资料，最终选择了按笔记本来划分章节。章节标题对应笔记本上的标签，但笔记本Ⅷ和Ⅸ的修订本除外（参见第 1 页③列表第 16 和 17 本的标题）。不过，这两章的标题是"政治经济学Ⅷ"和

---

① 一般用拉丁文是想表示强调。中译者注。
② 原书为德英对照。中译者注。
③ 即本书第 13－14 页。中译者注。

▶ 英译者和编辑助理的注释

"政治经济学Ⅸ"。因此，编辑的注释也是按笔记本编号的，即使在某些情况下，一个主题会从一个笔记本延续到下一个。我们很高兴借此机会感谢出版社允许注释采用脚注，而不是烦琐的尾注；我们确信每个读者都会欣赏这份慷慨。

历史学家布丽奇特·哈曼在维也纳的奥地利国家档案馆发现了笔记本，她也完成了手稿的第一个抄本。在用经济学家的眼光比较过这个抄本和原件之后，我试图将修订版翻译成英文。

明尼苏达大学奥地利研究中心的大卫·F. 古德（David F. Good）教授——一位奥匈帝国经济与社会史专家——解决了修订翻译的巨大麻烦。他本来希望进行一些简化，但是我觉得英文版应该尽可能地保持原来德文版本的风格样貌。在这种翻译中，主要目的并不是把原文流畅地移植到目标语言上，使其在英文读者眼中得到完美的呈现，而是在不让它看起来过于尴尬的情况下，尽可能地传播原始的思想和表达方式。所以我拒绝了大卫的一些建议——这并不是说我没有认真考虑它们。现在，英文版读起来有点老式，但这是应该的；德文版也是老式的（偶尔有点烦冗）。当然，任何错误都完全是我的责任。

然而，在哈曼博士的抄本中，她把德文拼写改为现在的用法。由于这些笔记本因其文字质量而未能出版，似乎没有理由不更新拼写。不过，我保留了原来的标点符号；只在一些情况下——这样做让句子更容易理解——添加或删除了一个逗号。在现在的人会使用句号的地方，鲁道夫经常使用分号；这些都没有改变，无论是在德文版还是——出于易于比较的目的——在英文版本中。

在编辑的脚注中经常出现德国作家劳（Rau）和罗雪尔（Roscher）①，对他们的引用不是来自其著作的第一版，而是来自更接近于门格尔自己时代的版本，因此在内容上与他所使用的文本更加接近。也许应该说明的是，脚注里来自 19 世纪出版源的标题和引文，当然也是以原始的拼写形式标注的。

感谢我们的编辑朱丽叶·莱帕德（Julie Leppard）夫人为本次出版所做的一切努力；知道她"在另一端"总是让人放心。最为特别的是，我要感谢抄写员凯蒂·刘易斯（Katie Lewis）对这份手稿细致和专注的工作。除了一些令人欢迎的翻译建议，她还提出了一些"疑问"，这表明我之前确实有些盲目自信。这使我再次仔细检查了整个德文和英文文本，效果很好（或者说，我希望如此）。我非常感谢刘易斯夫人。

莫妮卡·施特莱斯勒

---

① 卡尔·海因里希·劳（Karl Heinrick Rau），著有《政治经济学教程》。威廉·罗雪尔（Wilhelm Roscher），19 世纪德国历史学派创始人。中译者注。

王储鲁道夫在卡尔·门格尔课上的笔记本

（保管在奥地利国家档案馆：Haus－, Hof－und Staatsarchiv, "鲁道夫王储选集, 第 11 盒"）

笔记本①	纸张号码
1　政治经济学Ⅰ. 1876 年 1 月.	1－8
2　政治经济学Ⅱ. 1876 年 1 月.	9－16
3　政治经济学Ⅲ. 1876 年 1 月	17－24
4　政治经济学Ⅳ. 1876 年 1 月.	25－32
5　Ⅴ. 政治经济学. 1876 年 2 月.	33－40
6　Ⅵ. 政治经济学. 1876 年 2 月. 论经济中政府干预的好处与限制Ⅰ.	41－49②
7　Ⅶ. 政治经济学. 1876 年 2 月. 论经济中政府干预的好处与限制Ⅱ.	50－57
8　Ⅷ. 政治经济学. 1876 年 2—3 月.	58－65

---

① 所有笔记本都由鲁道夫标记。封面上的措辞是以原来的拼写和标点符号为准的。

② 除笔记本的 8 张纸以外，封底内页编号为 49。

续表

笔记本	纸张号码
9　Ⅸ. 政治经济学. 1876 年 3 月. 继续笔记本Ⅷ.Ⅱ.	66-68①
10　Ⅹ. 政治经济学. 1876 年 3 月.	69-76
11　Ⅺ. 政治经济学. 1876 年 3 月.	77-84
12　Ⅻ. 政治经济学. 1876 年 3 月.	85-92
13　ⅩⅢ. 政治经济学. 1876 年 4 月	93-97②
14　公共财政. 论税收. Ⅰ. 1876 年.	1-8
15　公共财政. 论税收. Ⅱ. 1876 年.	9-12
16　Ⅰ. 论奥地利—匈牙利纸币的状况与其改革手段. 1876 年.	1-8
17　Ⅱ. 论奥地利—匈牙利纸币的状况与其改革手段. 1876 年	9-12③

---

① 在这本笔记本里，只写了 3 张纸；5 张空白的纸没有编号。
② 在这本笔记本里，只写了 5 张纸；3 张空白的纸没有编号。
③ 最后两个笔记本是笔记本Ⅷ和Ⅸ的修订本。

引 言：
鲁道夫讲稿中的门格尔经济学研究

埃里希·W. 施特莱斯勒

鲁道夫笔记本的重要性

  如果仅考虑两位主角，卡尔·门格尔在1876年给奥地利王储鲁道夫讲授"政治经济学"的完整课程笔记本将会只具有历史价值。这名学生是一位18岁的年轻人，寄托着许多人对未来哈布斯堡王朝的期望，却在1889年英年早逝，很可能死于自己之手，其自杀时的背景局势直到1993年1月仍被（奥地利）小报刊载在头条位置。这名老师将成为世界已知的或许是最伟大的20多名经济学家之一，经久不衰的奥地利学派经济学的创始人，以及在他那个时代颇有声望的大学教授。这15本笔记本大多是鲁道夫手写的，由门格尔纠正；第1、2号笔记本有部分实际上由门格尔所写。因此，这些笔记本可以说是验证过的文件，如实地反映了所教授的课程。历史学家和鲁道夫传记作家布丽奇特·哈曼博士于 1986 年在奥地利国家档案馆里发现了这些笔记本，它们至今还被存放在那里。如今，它们得以和完备的注释一起首次完整出版，既有德语，也有英语翻译。

然而，除了这两位直接相关人士的重要性，这些笔记本还是思想史上的宝贵资料。对一位研究教育的历史学家来说，它们是这样一份迷人的文档：关于如何用简短的课程向一个人介绍一门艰深的学科，而这个人很可能会造成最大的政治影响——奥地利的皇帝在当时仍然可以在很大程度上随心所欲地统治。它们是这样一份迷人的文档：关于一位天资聪颖的年轻人对教给他的东西的接受能力。因为根据老师必须用的课本①，几乎可以完整地复现所教授的内容，今天的读者依然可以衡量学生的学习能力。更深入地讲，它们还是这样一份迷人的文档：关于奥地利在大约 120 年前②的政治环境，根据门格尔认为应该教什么，以及他该如何去教，我们可以重现这些环境。最后，它们在经济思想史上有极大的重要性。经济理论家门格尔开创了一个流派，这个流派发展了至少四分之三个世纪。即使关于经济理论，他写得相对较少。由门格尔检验过的鲁道夫笔记本从另一个角度展现了理论家门格尔，这个角度和他在经济思想史上被广为接受的形象大大不

---

① 指作为教科书的其他名家的著作。中译者注。
② 本文写于 1994 年。中译者注。

▶ 引言:鲁道夫讲稿中的门格尔经济学研究

同。在美国和英国,把自身和门格尔的著作明确相连的新奥地利学派正在兴旺繁盛,提供了一种经济推理的主要范式。新奥地利学派的圈外人——不只是圈内人——把这一理论学派和经济政策上的古典自由主义立场联系起来。这一政治偏好是否源于卡尔·门格尔自己?这一问题很难回答,因为门格尔仅限于教授经济理论(和公共财政),在经济政策的根本问题上几乎没有发表任何议论,他在这一话题上最重要的著作是一篇稍长的报纸文章。然而,鲁道夫讲稿中主要介绍了经济政策;并且,它们表明,门格尔一直是一位最纯粹的古典经济自由主义者,并且,他作为经济学家的工作基于对亚当·斯密的深入了解。这也很让人吃惊,因为在他发表的著作中,门格尔详尽地阐释了自己的观点,却很少引用他认为自己的观念和推理需要致敬的权威。因此,就一些在今天仍然常被讨论的重要问题而言,鲁道夫的笔记本充满了惊喜。

门格尔教学的环境

被钦点去教授奥地利王储经济学时,门格尔是一位初出茅庐的年轻学者。他生于1840年2月23日,在1876年为王储上第一堂课的时候还没满36岁。他于此8年多之前开始潜心研究经济学,看自己选中的第一本书(劳的《经济学原理》)的时间是"1867年9月"。他出版的首部经济学著作——他的名气主要有赖于这本权威著述——《国民经济学原理》(*Grundsätze der Volkswirthschaftslehre*)在 1871 年中期便已问世。他在教授王储的三年半以前(即 1872 年)才刚刚通过大学讲师的资格考试(*Habilitation*),并在 1873 年秋成为全职教授[维也纳大学法律与政治科学学院(University of Vienna's Facnlty of Law and Political Science),助理级]。换句话说,他给王储讲课时教学经验很少,只有一年兼职和两年半全职的授课经验。他连算是临时的副教授职位都还没坐稳,三年半之后(1879 年)才获得了正教授的职位——这主要是基于他作为王储老师的成就。维也纳法学院(Vienna Law School)[1] 经济学全职教授的职位不仅有巨大的影响力和声望,同时报酬也很丰厚,[2] 因此免不了会有幕后的争夺。任命这一教席的是皇帝——王储的父亲;在这件事中学院实际上是被迫接受门格尔的,多少有些勉强,他们更喜欢另一位校外的候选人,更为保守的因斯布鲁克大学教授卡尔·西奥多·冯·因纳马—斯特内格[3](在日后的许多年里,这个人在与门格尔的社会

---

[1] 维也纳法学院(Vienna Law School)即上文提到的维也纳大学法律与政治科学学院(University of Vienna's Facnlty of Law and Political Science)。中译者注。

[2] 参见施特莱斯勒(1990a),第 62 页后。

[3] Personalakt Carl Menger, Allgemeines Verwaltungsanchiv, Ministerium für Cultus und Unterricht, Letter of the Dean of the Faculty of Law, Lorenz von Stein, dated 31 January 1879, to the Minister. 学院表达更喜欢因纳马—斯特内格,把他提名为"第一候选人"之后,又试图做出一次令人不解(且没有成功)的讨价还价:如果他们只能选门格尔,就必须让因纳马—斯特内格当布拉格大学(奥地利第二重要的大学)的教授,并且学院要让伊米尔·萨克斯(Emil Sax)当副教授。

▶ 引言:鲁道夫讲稿中的门格尔经济学研究

地位竞争中常常处于上风)。另一方面,如果门格尔打动了王储,在后者如愿登基之后,他可能会在一二十年的时间内得到重要的部长职位,甚至有些许可能当上首相。在一个君主国仍然非常私人化的时代——比如在法国或英格兰——首相已经不止一次由君主曾经的老师担任了,尽管任期可能会很短。(当然,鲁道夫在13年后自杀了,没有为门格尔提供后来的职业机会。)简而言之:在1876年,这次教学对门格尔来说是一次非常大的赌注。

被任命的职位当然也十分凶险:要教给王储的意识形态原则问题,造成了皇帝的保守派顾问和亲皇后的自由派政客及知识分子之间持续的分歧。① 门格尔给鲁道夫上课之时,正值经济萧条和随之而来的社会动荡期间。在1867—1873年创办人时代(*Gründerzeit*)② 的那几年繁荣里,贵族阶级与更开放、更以市场为导向的经济思想有过短暂的逢场作戏,随着1873年5月的大股灾,这种关系走到了尽头,贵族阶级再次转向了保守派。自由党仍然掌权,但受到了猛烈的攻击。三年半后,塔弗伯爵(Count

---

① 参见哈曼(1978年),在第29页后,第32、77页后,以及在第1、2章中随处可见。

② 创办人时代是19世纪德国和奥地利在1873年股市崩盘前的经济阶段。当时在中欧,工业化时代开始了,其历史可追溯到19世纪40年代。这个时期没有确切的起始日期,但在奥地利,相比政治改革,1848年的三月革命被普遍认为是经济变革的开始。在德国,由于从1870—1871年的普法战争中获得战争赔偿而大量涌入资本,以及随后德国统一,随之而来的是经济繁荣,这些时期被描述为"创办人时代"。中译者注。

Taaffe）在奥地利开启了保守派的长期统治。

门格尔被选为教师，既因为他的自由主义观点，也因为他是在奥地利崭露头角的经济学新星，又有奥地利出身（比如，因纳马—斯特内格就出生在德国，而非奥地利）。但是，皇储的老师绝非没有可能失败，甚至可能被颜面扫地地解雇——主要是出于政治原因。事实上，门格尔成为王储最信赖的老师之一，鲁道夫本人和他的长辈们都信任门格尔：他后来陪王储到国外（比如英国）旅行，以便研究它们的经济和社会环境。他甚至和王储一起为后者的出版物出谋划策。

这些笔记本的内容

给仍然非常私人化的君主国的继承人讲课这个棘手而艰巨的任务，门格尔是如何完成的？他教授了在政治上颇为明智且十分精简的课程：他几乎根本没有介绍自己的观点；他并没有教授自己出版的著作。相反，他几乎只教授已经闻名于世的——也就是旧的——书籍。他甚至没有自由地重新安排这些书中的材料，而是几乎按照它们本来的顺序一个接一个地教授王储它们的观点，甚至逐句引用它们的原话。通过这种方式，他让自己免受可能的批评。此外，他只使用了很少的几本书，我们很容易再现这一事实，因为他是如此紧密地按照所选的课本讲课。这也

▶ 引言:鲁道夫讲稿中的门格尔经济学研究

让他的任务稍微容易了一些。他的决定可能是受这样一个事实的影响,即在很大程度上,他给王储上课的主题要不同于他在大学里的授课:就整体而言,他教王储经济政策,而他在大学里的课被严格限制在经济理论和公共财政,经济政策这个领域属于比他年龄大得多的教授同事洛伦兹·冯·施泰因(Lorenz von Stein)的讲课范围。

门格尔使用的主要教科书并不是奥地利的,而是卡尔·海因里希·劳(Karl Heinrich Rau)在四分之一个世纪前写的德国标准教科书,这本书的第一卷(经济理论部分)出版于1826年,正好是在鲁道夫笔记的50年前。这本教科书共四卷,第二卷涵盖了经济政策(首次出版于1828年),而第三卷和第四卷研究公共财政(分别首次出版于1832年和1837年)。关于理论的这一卷在当时是第八(!)版。换句话说,门格尔相当于在使用德国版的保罗·萨缪尔森(Paul Samuelson)《经济学》(*Economics*),这本书在出版45年之后,至今还被用于经济学入门课程,差不多和"劳版"在当时一样古老。① 此外,劳的理论卷曾是门格尔自己约8年前在大学开启其经济学阅读课的著作。劳是合适的,也因为他是德国或许最为推崇自由主义(古典意义上)的邦国——巴登大公国——极为杰出的前首席经济学家:劳当时刚刚

---

① 编者在1994年写下了这段话,实际上,直到今天(2020年),萨缪尔森的《经济学》仍然是许多学校里最受欢迎的标准教材。中译者注。

去世，曾任海德堡的教授、巴登枢密院顾问（*Geheimrat*）和奥地利科学院的荣誉院士。

这样看来，门格尔当时选择的路线是"守旧的"，但只是看起来守旧。真正令人惊讶的决定是：即使是劳的著作，门格尔主要也是只用于细节和案例研究。讲座的整体框架和大部分论证都来自亚当·斯密的《国民财富的性质和原因的研究》（1776年）[①]，当时正好出版100周年！这是否是因为有某个人，比如主管王储教育的拉图尔—图姆伯格（Latour – Thurmburg），一位受过良好教育的自由主义将军，曾建议用亚当·斯密来作为合适的原始资料？还是因为门格尔本人是如此地欣赏亚当·斯密，以致他认为在主要问题上不会有更好的人选？总之，亚当·斯密肯定是一个经典人物，可以被视为西方文明经典的组成部分，所以传授他的理论也会是一种安全之举。

尽管如此，像门格尔一样紧随亚当·斯密的思路是完全没有必要的；深受亚当·斯密影响的劳也并没有这样做。对笔记本的细致研究表明，它们主要遵循的是亚当·斯密《国富论》的第一卷，有少许变化，此外基本别无他物。通常情况下，笔记本中记录的介绍都是斯密的确切想法和确切论证过程，这样，我们可以完全确定门格尔曾查阅并使用这本著作。

[①] 一般简称为 *Wealth of Nations*，在国内一般将其称为《国富论》，下文按国内习惯处理。中译者注。

▶ 引言:鲁道夫讲稿中的门格尔经济学研究

在给出了经济学的定义和一些德式新"基本概念"(财货、节约)作为前言之后,笔记本Ⅰ以劳动分工开篇(《国富论》Ⅰ.ⅰ.)①。接着,门格尔稍稍偏离了一下斯密:他没有去考虑有些强迫性的斯密式观点,即人"偏爱交易、以货易货和交换"(《国富论》Ⅰ.ⅱ.),以及"劳动分工受限于市场程度"这一事实(《国富论》Ⅰ.ⅲ.),而是讨论了私有财产权既是交换的基础,也是劳动分工的基础(笔记本Ⅱ),然后是机械的使用、企业家活动和使用各种资本是收入的来源(笔记本Ⅲ)。但即使有这种偏离,根据斯密"存货的积累一定……先于劳动分工",笔记也是紧密契合亚当·斯密的精神的;而且,事实上,这两本笔记从《国富论》中以Ⅱ.ⅱ.、Ⅱ.ⅰ.和Ⅱ.ⅲ.的顺序借鉴了大量内容。在笔记本Ⅲ的结尾和笔记本Ⅳ,我们又回到了《国富论》第一篇,遵循着斯密的思路大量讨论了价值(同上,Ⅰ.ⅳ.,章末)。笔记本Ⅴ紧随斯密的思路讨论货币的起源,这正好是《国富论》Ⅰ.ⅳ.的标题所揭示的话题。然后门格尔出现了第二次偏离:笔记本Ⅵ和Ⅶ讨论政府的恰当职能。这是一个典型的斯密式主题(同上,Ⅳ.);但在这里,门格尔更依赖的是劳而非斯密。从劳那里,门格尔得出了一个统一的原则:只有当外部影响让市场失灵时,政府行动才是可以接受的。而斯密的"君主"的恰当

---

① Ⅰ.ⅰ.表示第一篇、第一章,后接数字表示页码,以此类推。中译者注。

职责之一，即第三种职责，预示了这一主题（同上，Ⅳ.ⅸ.51）。即使是这种狭义的市场失灵，也立即被笔记本Ⅷ里的政府失灵和篇幅极短的笔记本Ⅸ里的奥地利纸币的弊端所抵消。在整个课程中，只有在这部分，门格尔才是完全在讲他自己的观点；在这里，他研究的是奥地利政策的时事问题，而非经济理论的问题。通过密集地编辑这两本笔记，门格尔流露出对讲授本人理论的不安。然后，我们再一次回到《国富论》Ⅰ.：笔记本Ⅹ研究的是工资理论（同上，Ⅰ.ⅷ.），但主要是基于"论工资……随劳动雇佣……的不同"的不同框架（同上，Ⅰ.ⅹ.）。笔记本Ⅺ研究的是利息（同上，Ⅰ.ⅸ.）；笔记本Ⅻ是地租（同上，Ⅰ.ⅺ.），因此总体来看，笔记不折不扣地遵循了《国富论》的主题顺序。在要素价格的理论（这用斯密自己的术语来说会更符合逻辑，虽然跟他的阐述相冲突）之后，笔记本ⅩⅢ介绍了商品定价的理论（同上，Ⅰ.ⅶ.）。最后两本笔记记录的是5个月后研究税收的课程，即《国富论》Ⅴ.的主题。这一主题是门格尔课程的结尾，也是《国富论》的结尾。

对亚当·斯密的依赖甚至比这些举列能够表明得更强。因为，门格尔主要在面对那些被斯密至少简述过，而劳只是研究得更彻底的话题时，才会参考劳的四卷本综合教科书。这就几乎像是门格尔每一步都在检查他所教的内容，是否在他的"圣经"《国富论》里提到过。即使是在德语经济学——比同时期的英语

▶ 引言:鲁道夫讲稿中的门格尔经济学研究

经济学更依赖斯密——中,对斯密的这种依赖在当时也是相当不寻常的。除了斯密和劳,门格尔只零零星星地用了其他一些德语课本,特别是罗雪尔的《基础》(*Grundlagen*),这本书在1851—1875年取代劳成为"新"标准德语教材(它再版了26个版本!),门格尔在4年前把自己的《原理》献给了这本书的作者罗雪尔。笔记本里的一些段落可以追溯到赫尔曼(Hermann)、里德尔(Riedel)、夏弗勒(Schäffle)和施泰因,他们都是知名教授。由于都写过教科书,他们的研究高度重叠;但有时门格尔所用的文字可以几乎确定地找到出处,因为这位皇家弟子(鲁道夫)忠实地复制了一些不寻常的字眼,或者因为论证呈现的确切顺序与书中完全相同。此外,至少有一个重要的思想只能追溯到门格尔自己的老师彼得·米舍勒(Peter Mischler),我首次发现了这次引用——门格尔本人从来没有提过他。[①] 门格尔比自己承认得更依赖米舍勒。

一条没几种原料的烤面包似乎并不是会令人胃口大开的食物。思想史会对门格尔——少数几本标准教科书和一本世界经典的模仿者——有任何兴趣吗?毫无疑问。毕竟,门格尔介绍给鲁道夫的是至多10%的亚当·斯密《国富论》(以一种非常缩略的形式)和差不多1%的四卷本劳的著作:令人着迷的是他的选择。

---

① 施特莱斯勒(1990a),第36页后,第60页。

鲁道夫笔记本让我想起了一位中国学生曾经提交给我的首篇研讨会论文：它通篇只有引文，但这些引文是编排好的，它们如马赛克一般展现了一幅原创的图画，描绘这幅画的不是这些被引用的作者，而是这位年轻的中国学生自己。

门格尔躲在权威背后，使用的正是相同的技巧，如我所说，这一事实表明他不安地认识到了其处境的危险性。尤其能体现这一点的是，他是一位删减大师——不仅删减整个主题，还删减随处可见的具体论点。稍后我将在这篇引言中讨论笔记本在这方面的细节。

通过在其论证中使用"古人"之言，门格尔得以介绍他自己的世界观和对经济政策的看法，但无法提出新的理论框架，因为新的东西无法在"古人"的著作中找到。但这让我们对门格尔的优先事项有了一次绝佳的观察机会：显然，对他来说，最重要的是结合了方法论个人主义的古典自由主义政策立场，他可以通过选择性地引用亚当·斯密、劳和其他人，将其充分地传达给王储。顺带一提，这说明了他使用旧论文和旧课本的进一步原因：它们比许多当时的经济学书籍更为自由主义。门格尔显然也更喜欢"古人"的意识形态。另外，主观价值论的创造者门格尔似乎并不介意，在许多情况下，他教给王储的东西跟他强烈主张为唯一正确的理论立场截然相反（见下文）。这可能意味着，主观价值的概念对门格尔自己，不如它们后来对他的追随者（他的学生

▶ 引言:鲁道夫讲稿中的门格尔经济学研究

和学生的学生)那样重要。

门格尔的教学法

然而,为了说明门格尔的选择技巧,我们只能先转向门格尔的教学法。也即这些笔记本还可以作为讲授经济学的一种典范,并且,对它们的分析也算一项教学法研究。人们普遍认为,门格尔是一位出色的老师。

奥地利王储鲁道夫·弗兰茨·卡尔·约瑟夫出生于1858年8月21日。在大部分课程的授课时期(1876年1—3月),他是个17岁半的年轻人,异常聪明,受过很好的教育,兴致盎然,但也很紧张不安、容易激动。这些课将成为一门经济学速成课程——王储在门格尔的科学领域里的第一门课程,也是最后一门此类课程。一个人该怎样去吸引这样一位年轻人的注意力?门格尔使用了一种看起来相当现代,但实际上却相当古老的方法:他主要使用案例研究来教学,一条论证的细线把这些案例研究串联在了一起。对于这些案例研究,他常常不得不依靠亚当·斯密之外的其他出处。

在笔记本Ⅱ中,门格尔通过使用"共产主义"① 反对私有财

---

① 泛指当时的共产主义思潮。中译者注。

产的论点,来作为第 1 号案例研究,引出了私有财产的重要性,特别是其被视为节俭和主动性的动机这一点。当然,这些论点被彻底否定了。对于这一点,门格尔可以依靠罗雪尔在其教科书中精心整理的反"社会主义"① 论点。第 2 号案例研究紧随其后:现代生产依赖于各种各样的机器,其中大部分是最近才发明出来的。这种态度是完全乐观的,远超李嘉图(1821 年)著名的第 31 章《论机器》。门格尔通过援引一位乐观得恰如其分的作家,即普鲁士人里德尔,以及援引他自己的老师米舍勒对里德尔主题的论述,实现了这一点。虽然笔记本Ⅲ是关于纯理论的,并因此几乎只遵循亚当·斯密的写法,笔记本Ⅳ却展开了第 3 号案例研究,乍看之下,这似乎是一个不合逻辑的推论。该笔记本探讨价值理论(遵循亚当·斯密的思路),而案例研究是关于小规模手工业的可行性。其中的联系是,喜好从对手工业产品的需求上转移了,并且我们因此不能(或不应该)对手工业生产不可避免的衰亡采取任何政治措施。该案例研究取自劳,并采用了斯密的一些论证。在这里,一个想法是门格尔自己的:产品差异化的重要性。但奇怪的是,这个论证被用来反对而非支持手工业制造商的存活,这些手工业制造商——更多的是被形容为——过于死板和传统,因而无法抓住产品差异化的机会。笔记本Ⅴ中论货币起源

---

① 泛指当时的社会主义思潮。中译者注。

▶ 引言:鲁道夫讲稿中的门格尔经济学研究

的部分直接就是亚当·斯密的论述了。在讨论了"产业政策"——或者说讨论了这一事实,即从保护现有产业的意义上讲,产业政策是相当无用的——并就货币发表一些言论(主要是它是一种根据人的需要而发展起来的制度,并且是一种政权不应该干预的制度)之后,门格尔转向了应当引导政府行为的一般原则:它们都记录在了名为《论经济中政府干预的好处与限制》(*On the Benefits and Limits of Government Intervention in the Economy*)的两本笔记里。讨论的主题全部遵照了亚当·斯密关于君主的第二个和第三个职责的论述:

> 第二,尽可能保护每位社会成员,使其不受任何其他成员的侵害或压迫的职责……第三,建设并维持某些公共事业及某些公共机构的职责(其建设与维持绝不是为着任何个人或任何少数人的利益)。(《国富论》Ⅳ. ix. 51)

除开斯密,实际的讨论强烈依赖于劳,他让隐含在斯密的第三个职责中的外部效应论证变得更加明确。其中穿插了两个案例研究:关于劳动法规(工作的时间和环境)和童工的第4号案例研究,以及关于森林管理(为了防止毁林)的第5号案例研究。两者都选自劳,这次是选自劳关于经济政策的书。接下来的两本笔记可以全部看成通过在奥地利滥用纸币而滥用权力的案例研究。笔记本 X 回到了《国富论》的主题并提出了工资理论。事实上，另一个案例研究（第 6 号）谈到了这一点，探讨了公务员的合理报酬问题。这些论证几乎全部来自斯密，尽管事实上斯密并没有考察公务员的薪酬，因为这种人在他那个时代的英格兰少之又少。门格尔纯粹是沿着机会成本的思路去研究公务员工资的：它是对必要的高等教育的成本和履行公务的成本的补偿。当然，公务员的薪酬是最合适的案例研究：对王储来说，它是站在政府角度的工资理论。第 7 号案例研究同样如此：利息理论是通过探究政府贷款利息的决定因素的方式呈现的，这个主题给了门格尔另一次机会去强调在政务中节俭和财务清廉的必要性。[在此，他不得不更依靠劳而非斯密，此外，还引用了他资深的同事洛伦兹·冯·施泰因编写的公共财政教材中仅有的古典自由主义论证，即谨慎地纠正债务管理交易中的行为的必要性。] 笔记本 XII 是另一项案例研究，第 8 号，这次的案例是地租理论：它研究的唯一的问题是，为什么实际租金在不断增长，并导致贵族变得更加富裕。再一次，门格尔依靠的是亚当·斯密，尽管同时也展示了或许是所有经济学家最常见的能力，即错误预测的能力。（由于从美国和其他"新兴"国家进口谷物，短短几年内，奥地利的租金出现了猛烈的下跌，这使奥地利有土地的贵族纷纷破产。）笔记本 XIII 的大部分相当于又一次案例分析，第 9 号。门格尔并没有提出系统的商品价格理论,而是考察了饥荒的问题。政府是否有必要干预玉米市场的定价过程?没有,因为这是没有必要的,并且,即便去尝试,也是徒劳的。门格尔参考的是劳阐述了亚当·斯密理论的几个段落。最后两本关于税收的笔记,属于门格尔自己的学术领域,即公共财政。他们沿着由劳阐述的——这次在后者关于公共财政的两卷本里——斯密的路线研究税收。最后几节课是有些枯燥的阅读,并且,鉴于它们是在鲁道夫暑假期间上的,(并且,从门格尔在学生笔记中的多处修改判断,)这几节课必然让他相当难熬。这两本笔记都是在皇帝的避暑胜地巴德伊舍(Ischl)开始书写的,最后的日期是1876年8月11日,就在鲁道夫的18岁生日前不久(其他笔记本的日期为1月至4月)。

至于授课的技巧,门格尔一般会先给待分析的话题做一个简短的概述,再阐述该主题,最后重复一些关键问题。王储以前没有训练过如何进行恰当的阐述,截至当时也没人教他,更没有人要求他按照逻辑顺序(而非讲授顺序)自己重述一遍。因此,在一些地方他的讲述明显是在重复。这一点,加上穿插在更多的论证主线中的案例研究,使这些笔记不成体系和混乱不堪。要想理解它们的一致性和关联性,读者就必须重建它们的逻辑顺序。基本上,我们面对的是教学活动的原材料,它们尚未被整理成流畅且体系化的文字。

卡尔·门格尔的经济课：来自奥地利王储鲁道夫的笔记

对哈布斯堡家族来说，记忆训练在皇家教育中是至关重要的。毕竟，未来的皇帝必须记住无数法律条文和法规、所有人的名字和多种语言。（鲁道夫精通德语、拉丁语、法语、英语、匈牙利语、捷克语和波兰语。）因此，王储被要求聚精会神地上门格尔的课，而不能记笔记或只能记很少的笔记。（至少，对比其他一些课程，档案里政治经济学没有"草稿本"。）鲁道夫不得不根据记忆来重现这些课程，把它们写在笔记本上。据我们所知，他并没有得到任何教科书供他阅读，或在写文章的时候供他参考。（否则，原著中显然被门格尔出于意识形态的原因而省略的句子或半句必然会出现在笔记本里。）随后，笔记本被递交给门格尔校正。门格尔很少删除重复的，并且只有在少数地方才改变论证的顺序。但在关于奥地利纸币的笔记本中，门格尔曾挺身而出研究一个主题，而没有藏身于教科书后，他在这里纠正了如此之多的地方，以致必须重写这两本笔记；还有关于税收的笔记本，它们遭到了大幅的"编辑"，虽然门格尔通常只会纠正某些词或短语。总的来说，大部分文字出自鲁道夫之手，没有他人协助。门格尔的学生——一个处于记忆学习黄金年龄的学生——的才干是相当惊人的：王储展现出了近乎完美的记忆力。在相当多的情况下，仅靠鲁道夫如实记录的一两个不同寻常的词，就能推导出门格尔所用的德国教科书。各种详尽的论证都几乎正好按照书中（王储面前并没有这些书）呈现的顺序被记录下来。通常，

▶ 引言:鲁道夫讲稿中的门格尔经济学研究

在一条相当长的推理路线中的主要论证都被转述下来;有时,门格尔自己可能简化了这样的推理路线(实际上,读者有时会发现他删除了一些自己不喜欢的论证)。读者可以轻易验证从注释到正文的这些陈述,为了体现不仅门格尔很少脱离课本去讲课,并且王储是多么忠实地再现了论证的路线,和它们被阐述时所用的确切话语,这些陈述在很大程度上被汇编在一起。这些笔记本无疑是门格尔教学成功的证据。

鲁道夫讲稿的意识形态和政治内容

除开偶尔的幼稚言论和一定的唠叨,我们可以肯定的是,在整体上,笔记本忠实地再现了门格尔的言论。那么,鲁道夫笔记反映出门格尔的意识形态是什么立场,他在多大程度上是一个纯粹的古典自由主义者,以及他赞同什么样的政策建议?

若非这一事实,门格尔在经济政策问题上的真实想法将会不那么让人感兴趣:如今在美国和英国蓬勃发展的新奥地利学派有显著而公认的政策倾向,并且,正牌奥地利学派的最后一代,尤其是 F. A. 冯·哈耶克(F. A. von Hayek)、G. 冯·哈伯勒(G. von Haberler)和 F. 马赫卢普(F. Machlup),都是(或曾是)最严格的古典经济自由主义者,并非常关心(或曾非常关心)经济政策的基本原则。这是否只因为路德维希·冯·米塞斯(Ludwig von Mises）可以不受限制地（当然也是颇有权威地）谈论经济政策问题（因为他没有成为一名全职的学者）？

根据门格尔在经济政策的基本原则上的唯一公开言论，即他在亚当·斯密逝世一百周年之际，在奥地利主流报纸上的文章（1891年）①，人们可能会倾向于认为，门格尔在那个时代的立场远比米塞斯更"左"。事实上，门格尔是一个具有社会意识的"自由派"或"自由派社会主义者"。显然，古典学派经济政策的主题深深地触动了门格尔：这成为他后来让理查德·舒勒（Richard Schüller）在其指导下完成的，得到最终任教资格的论文②的主题。在某种意义上，他在报纸上的文章是一篇关于经济理论的文章，它仅仅是一次对经济思想史的探究，但当然是有政治影响的。它指出了在社会政策的问题上，古典主义者和亚当·斯密实际上说了什么，以及他们在当时（19世纪后期）德国和奥地利的政治话语中遭到了多大的误解。从这篇文章的劝说看，门格尔给人的印象，是他自己完全同情所有类型偏向"工人"的立法措施，包括对自由企业的大规模干预，和众多的再分配措施。这是一个人在事后，在经历一个世纪的社会（以及"社会主

---

① 参见门格尔（1891年）1970年。
② 参见舒勒（1895年）。

▶ 引言:鲁道夫讲稿中的门格尔经济学研究

义")政策之后,去阅读他的文本可能会得出的结论。① 然而,在这篇文章中,门格尔甚至没有提及几年前已被引入的奥地利社会保障制度(由国家大量再分配补贴的医疗保健和养老计划)。他说的根本就是,亚当·斯密并不认为在一切雇主和他们的工人之间的冲突中,以及雇主对其工人的要求上,正义始终是站在雇主这一边的(这显然是真的);并且,斯密并不反对在所有情况下所有类型的政府行为(这也显然是真的)。事实上,在类似的努力中,雅各布·维纳(Jacob Viner)、莱昂内尔·罗宾斯(Lionel Robbins)和乔治·斯蒂格勒(George Stigler) (以历史顺序排列)② 从亚当·斯密那里提炼了比门格尔所思考的丰富得多的经济政策议题——尽管无可否认,他们所写的是一般的古典主义经济政策,而不只是社会政策。

相比之下,鲁道夫笔记本表明,门格尔一直是最纯正的古典自由主义者,在他心中属于国家的工作事项甚至比亚当·斯密还

---

① 门格尔会使用华丽的术语,比如,他说:"在所有富贫、强弱之间存在利益冲突的情况下,A. 斯密总是站在后者一边。"(A. Smith stellt sich in allen Fällen des Interessen – Conflicts zwischen den Armen und Reichen, zwischen den Starken und den Schwachen *ausnahmslos* auf die Seite der Letzteren.)(1970 年,p. 223)。或者说:"国家干预有利于穷人和弱者,他(即斯密)没有对此说什么,他宁愿在所有情况下都赞同它们,他期望国家干预……有利于无产阶级人民。"(Die staatliche Einmischung *zu Gunsten* der Armen und Schwachen weist er(i. e. Smith)so wenig zurück, dass er sie vielmehr in allen Fällen billigt, in welchen er von der Einmischung des Staates eine *Begünstigung*…der besitzlosen Volksclassen erwartet.)(p. 224)。另见施特莱斯勒(1990b)。

② 参见维纳(1927 年);罗宾斯(1952 年);斯蒂格勒(1972 年)。

少。(仔细重读门格尔1891年关于斯密和古典主义者的文章,读者可以发现他并没有改变想法——尽管措辞可能会令人误解。)斯密的反垄断责难或者他对限制贸易行为的谴责①丝毫未被提及。(有人回顾说,奥地利学派作为一个整体从来没有支持过积极的反垄断立法。)更令人震惊的是,门格尔也从未提及,国家安全永远是管制活动或保护活动的正当理由——尽管实际上鲁道夫是作为奥地利军队的成员和准统帅去接受训练的!另一方面,对斯密来说,第一种"君主的责任"是"保护社会免受其他独立社会之暴力和侵略的责任"(《国富论》Ⅳ.ix.51);他认为,如果经济干预有助于国家安全,就是"明智的","因为防御……比富裕重要得多"(同上,Ⅳ.ii.30)。门格尔没有评论这一"责任"。显然,他认为在1859年和1866年的败仗和对军队的过度关注已经极大地摧毁了奥地利的财政,并且,谈论它们可能会打开不健全的财政措施这个潘多拉的盒子。奥国的许多其他经济活动也没有被提及。例如,奥地利有发达而可靠的邮政服务;甚至斯密都认为"我相信,各种由政府经营的商业项目成功了的,恐怕只有邮政服务了"。(《国富论》 V.ii.a.5)但斯密对国家应该避免直

---

① 原文是"No mention whatsoever is made of Smith's antimonopolist strictures or his condemnation of actions in restraint of trade",此处似乎是作者出现了笔误,和上下文意思连贯一致的说法应该是"斯密的反垄断责难或者他限制贸易的谴责丝毫未被提及"。中译者注。

▶ 引言:鲁道夫讲稿中的门格尔经济学研究

接插手经济运行这一规则的唯一例外也没有出现在笔记本里。鲁道夫说:"修建学校也同样是一个合适的领域,让政府证明它关心其公民经济努力的成功。"读者必须小心,不受广泛存在的解读影响而曲解这句话:因为这是有意为之的,鲁道夫只说了修建学校,而未言及运营它们——尽管事实上免费(且义务)的公立教育一直以来都是奥国的工作重心之一,并且教师构成了公务员编制的一大部分。门格尔显然追随了斯密,斯密明确指出,"公家"(publick)大体上应该把自身限定在"建立"学校。"公家承担部分而非全部的教师薪水;因为如果教师的薪水全部——甚至是大部分——由公家负担,他们就会很快学会怠惰。"(《国富论》V. i. f. 55)这是门格尔只说国家应该做什么,而不说它不应该做什么的技巧的一部分。因此,他的省略是最为重要的。

这些对可取的国家活动的省略的确大量存在。或许,R. 马斯格雷夫(R. Musgrave)的话最好地解释了它们:国家活动当然不应该包括分配部门。这并不是说这样的活动在当时没有被考虑到;我们应该记得,在1872年社会政策协会(Verein fuer Socialpolitik)就已经成立,这个协会的德国经济学家将传播收入再分配确立为他们的主要目的。稍后俾斯麦才建立了第一个以再分配为目的的社会保障制度,国家、雇主和雇员各付三分之一。此外,肯定不存在稳定的经济政策部门。同样,这样的活动在当时并非闻所未闻。罗雪尔(当时,门格尔时代在世的最重要德国经济学家，门格尔曾用自己的《原理》向他致敬）在他关于市场危机的论文中，实际上已经考察了凯恩斯主义和货币主义应对经济衰退的所有措施（Roscher，1861 年）；而皇帝（鲁道夫的父亲）在始于 1873 年的大萧条中（最低谷时门格尔正在授课），表现出来的是他自己并不反对准凯恩斯主义式的创造就业的国家活动。事实上，在授课的整个过程中，最重要的一些省略是失业、金融投机可能产生的负面影响，以及政府可能必须接管运营在私营时已经破产的铁路的可能性；破产本身也没有被提起过——尽管事实上，所有这些问题都是当时的热门话题。门格尔没有一次暗示自由企业制度本身运转不畅。门格尔承认的只是政府活动的分配部门，并且它仅基于一个狭窄的基础。

至于分配部门，门格尔再一次删减了奥地利政策的一条重要路线。在奥地利诞生了一批大型产业银行，它们是私营企业和国家活动的奇特混合，其中首家和最大的是信贷银行（Creditanstalt，成立于 1855 年）①。该银行政策的明确意图是促进产业发展。亚当·斯密曾恳求进行银行监管（《国富论》 II. ii. 94），并将其与建筑监管联系在一起。不过，门格尔甚至没有提及在他那个时代的奥地利举足轻重的银行；他小心翼翼地避免谈及任何此类监管工商企业的需要，甚至是监管私营建筑活动的需要。分配

---

① 参见马尔兹（März，1968 年）；古德（1984 年）。

▶ 引言:鲁道夫讲稿中的门格尔经济学研究

性的国家干预只能是由于明显而直接的外部效应或负外部效应。

王储在笔记本Ⅵ和Ⅶ中列出了12则政府干预的例子,在所有案例中,外部效应都得到了清楚的解释。其中6则与预防负外部效应有关,分别是预防牛瘟(案例1)、根瘤蚜(案例2)、树皮甲虫(案例3)的传播的措施,以及控制毁林(案例4)的措施。换句话说,这些都是农业监管的案例。在这方面,我们可能得记住,劳认为农业比工业更容易造成负外部效应!案例5和案例6都与限制工作时间(非常恰当地限制在一天工作15个小时以内,以防过度劳累!)和限制雇佣童工有关。其他6则案例与正外部效应有关:建设道路(案例7)、铁路(案例8)、运河(案例9)、学校(案例10),为贫困农民提供基本的种畜(案例11),最后是商业条约的谈判(案例12)。读者可能会认为这些例子是演示性的列举,仅仅是为了更容易地向年轻的王储解释的例子,可以被很轻易地扩大。但这与鲁道夫的明确结论不符:"国家只能以上述例子所描述的方式干涉公民的经济活动!"这12个例子表明,在其经济活动上,门格尔的国家干预确实是最小限度的。

其中两个例子值得细说。门格尔认为,贸易条约的谈判是政府活动的适当领域。在这里,国家提供了一种纯粹的公共品。但请注意:门格尔仅将商业条约作为使出口成为可能的措施,即促进自由贸易的措施,而不是限制进口的措施。在讲稿的任何地方都甚至没有提到限制进口可能是明智的，尽管亚当·斯密也认为一些进口关税并非全然错误（《国富论》V.ii.k.31-32）。在劳动监管方面提出的建议是限制工作时间和限制雇佣童工。所有这一切都是用有些夸张的语言来表达的。相比之下，所设想的实际措施是非常微不足道的。例如，在苦力问题上，将工作时间限制在一天不超过 15 小时。他没有提到当时在许多国家实施的工作场所安全规定，也没有提到确保劳动法规得到遵守的工厂检查员；禁止以实物支付工人的可能性——这是亚当·斯密认为合理的禁令（同上，I.x.c.61）——也没有提及。当然，门格尔也没有提及国家层面的失业救济计划。所有这些删减，在另一份文件中也都有所删减，这份文件通常被认为是实现工业劳动社会政策之路上的重要里程碑，即 1891 年的教宗通谕《新事通谕》(*Rerum Novarum*)，它比讲稿晚了 15 年。门格尔和教宗利奥十三世实际上都只提出了很少的实质内容，他们主要聚焦于私人自助组织和劝诫工人节俭，门格尔在其讨论手工业的章节中，详述了合作性企业这种自助组织。不管是门格尔，还是利奥十三世，都没有提到失业和失业救济。这对今天的读者来说，似乎是非常难以置信的，包括现任教宗若望·保禄二世，他在其《百年通谕》(*Centesimus Annus*，1991 年)[①] 中强烈地暗示，利奥十三世曾经

[①] 这份通谕是为了纪念上文《新事通谕》发表一百周年而颁布的。中译者注。

▶ 引言：鲁道夫讲稿中的门格尔经济学研究

提出失业问题。但是，如果检查《新事通谕》的实际文本，情况并非如此。因此，鲁道夫讲稿和《新事通谕》都反映了古典自由主义者对所谓"社会问题"的关切；但是，除了少许限制和呼吁自助之外，这些关切并没有后续行动。

在手工业衰落的案例和饥荒的案例中，门格尔也表现出类似的没有行动的"关切"，他希望王储领会的寓意是不要弄巧成拙。为了缓解饥荒，政府本可以去国外采购粮食；但是，对于应该做什么，门格尔并没有谈及。明确建议的是，法院和贵族应该在节俭上树立一个好的榜样。另一方面，保障稳健的通货和如期支付公债利息的措施，则是伊曼纽尔·康德（Immanuel Kant）[①] 所定义的自由放任政策的典型关注点。

事实上，门格尔在鲁道夫讲稿中的言论可能是经济学学术文献中对于自由放任原则的最极端的言论之一。仅在"异常"情况下，国家才有经济行动的正当理由。只有在"灾难"即将到来时，只有在"政府的支持变得不可或缺"的地方，国家才能介入。否则"政府干预"是"永远……有害的"。鲁道夫在笔记本Ⅵ中写道：

[①] 康德（转引自哈贝马斯，1962，p. 325，n. 79）讲述了这样一个故事，一个智慧的老商人回应法国大臣（可能是科尔伯特?）的政策建议道："路你们修，好的货币你们铸，交易法律你们草拟，但顺便说一下，'你放手让我们做事'！"（Schafft gute Wege, schlagt gut Geld, gebt ein promptes Wechselrecht und dgl., übrigens aber 'laßt uns machen'！）

在一个国家的生活中会出现一些实例,在个人或公民群体的经济表现出遇到障碍,需要政府的力量来消除它时,情况便是如此,因为个体的资源可能不够。

我们在这里研究异常情况,因为只有这些才能证明政府干预的正当性;在日常经济生活中,我们总是要谴责这种行为是有害的。

在大多数情况下,这些都是如此强大的现象,它们要么需要特殊的法律,当然,只有国家可以通过这些法律,要么涉及如此高的成本——由于障碍的规模过大——以致政府的支持变得不可或缺。

门格尔的许多古典自由主义案例都取自德国作家笔下,至少是他们的实际措辞。在其德国经济学史中,罗雪尔曾经指出,18世纪末和19世纪的德国经济学家倾向于放弃英法作家的古典自由主义准则,赞成更多的政府干预;[①] 而在思想史学家中,即使在年轻的历史学派崛起之前,这也是典型论证方式中盛行的概念。看到德国经济学家——在门格尔的精心编辑下——在多大程

[①] Wilhelm Roscher, *Geschichte der National - Oekonomik*, Munich, 1874, p. 1014 f. 写道:"德意志人的一个民族特性就是……通过大量的国家干预例外来妨碍英法提出的行动自由规则。" (eine nationale Eigenthümlichkeit der Deutschen, …die aus England und Frankreish eingeführte Regel der Verkehrsfreiheit durch zahlreiche Ausnahmen der Staatseinmischung zu unterbrechen.)

▶ 引言：鲁道夫讲稿中的门格尔经济学研究

度上被证明是古典自由主义者，真是一个惊喜。

然而，门格尔与英国古典自由主义者在一个重要的方面有所不同。对他来说，政府是一个具有道义责任的机构。国家被认为是一种道德制度（*moralische Anstalt*，这一术语来自弗里德里希·席勒）的体现，一种道德机构、制度、组织或者事业（所有这一切都可以用"*Anstalt*"这个词来表示）。这一概念与英国通常使用的国家相反——在王政复辟之后，道德上的劝勉一直是英国圣公会的职责。① 在这里，门格尔可能受到了他的老师米舍勒的影响，不过，他改变了米舍勒的观点，使其更好地与方法论个人主义相吻合。米舍勒和门格尔都认为，国家的重要职责是一方面规范公民，另一方面通过道德劝说来向他们反复宣讲，并通过自己的经济行为来为他们树立榜样。但是对于门格尔而言，这种警告的主题与米舍勒认可的不同：它必须用于激发自由主义进取、自助和节俭的美德。如果政府采取这样一种道德倡议，那么就会有更多的理由来实施一种自由放任的政策。

当然，门格尔思想的核心是信息不充分问题，这在思想史学家中是众所周知的。门格尔遗赠给他的学派的正是这种关注。然而，在整套笔记中，还有一个次要问题。白芝浩（Bagehot）的格言充分表达了典型的英国自由主义立场："人的内心强大，而人

---

① 关于英国国教徒从理论上阐明政府的目的，以及英格兰教会和国家之间极其密切的共生关系的重要性，参见克拉克（Clark，1985年）。

的理性薄弱。"① 在《国富论》中，亚当·斯密从来没有怀疑过私人会受到经济激励。对斯密而言，"政治家"是"社会中最大的浪费"，而"个人"不仅更加明白什么对他们有用，而且还以"勤奋和勤勉"为特征。另一方面，对门格尔来说，个人是胆小的、缺乏生气的和彻底懒惰的。因此，除了向他们提供行动的信息外，政府加强激励，并促进其公民的经济主动性也非常重要。

在此，门格尔提出了在古典经济自由主义悠久的历史中极少数几个新论点中的两个。首先，即使是有正当理由的国家行为，也总是具有有害的副作用。因此，只有在理由非常充分的时候，它才是可取的。正如鲁道夫在笔记本Ⅵ中所写的："……国家可以通过过多的干涉极大地损害公民的利益，负责任并关心自己和家人的幸福是辛勤劳作的强大动力……如果国家夺取了这些责任中的一部分，那么个人会感到被强制，而不是自由，即使这些事务符合他个人最切身的利益。"其次，门格尔在很大程度上使用了奥地利学派主观主义的一个关键思想，即这一概念：不同的个体具有不同的偏好（preference）函数——它不同于从"代表性"个人的角度进行论证的剑桥传统中的偏好（predilection）。国家规定必然是标准化和刻板的，永远不能很好地满足这种个体的基本多样性。鲁道夫在笔记本Ⅵ中再次写道："政府不可能知道所有

---

① Walter Bagehot, *The English Constitution* (1867), intr. R. H. S. Crossman, London, Glasgow, 1968, p. 86.

▶ 引言:鲁道夫讲稿中的门格尔经济学研究

公民的利益……无论制度是多么精心设计和出于好心,它们都不会适合每个人……在全面的官僚控制之下,个体的多样性将完全丧失。即使是最忠诚的公务员,也只是一个大机器中的盲目工具,他们根据规则和指示,以刻板的方式来处理所有问题,既不能应对当代进步的要求,也不能应对实际生活的多样性。"

在一个自由主义者的眼中,还有什么能比单调的统一更糟!与此同时,我们意识到了米塞斯和哈耶克在"社会主义"理性计划的不可能性大辩论中阐述他们的论点时,已经从门格尔那里受益了多少。

门格尔有多边际主义?

门格尔是一个边际主义者吗?所有经济思想史论文的一致回答是:他当然是,至少在我们不过于狭窄地诠释边际主义,并包括所有主观价值论的情况下如此;不仅如此,他是边际革命的三位创始人之一。然而,这是鲁道夫讲稿最令人着迷的方面之一,即仅凭这些讲稿,我们可能永远无法推测出这一点。恰恰相反,尽管门格尔是在其《国民经济学原理》——这本书包含了他的所有主观价值论,他发展出多少就有多少——出版5年之后授课的,但他并没有向王储传授任何一个被归功于他对经济理论主体的重要贡献。如果一位读者通过这些笔记来判断,门格尔一定认为他的创新对亚当·斯密所创造的古典经济学大厦只有不重要的影响。实际上,他所教的是他自己已经证明有缺陷——如果不是彻头彻尾错误的话——的一些概念。

不仅在经济政策问题上,而且在理论问题上、在经济学基础问题上,教给王储的都是——让我们再次强调,在《国富论》首次出版的百年纪念之时——几乎原汁原味的亚当·斯密(以19世纪20—30年代劳和赫尔曼德语版的形式出现)。诚然,按照后两者那种被我称为德国原初新古典主义的脉络,首先介绍给鲁道夫的就是"满足人的需求的重要性",以及将财货分为经济财货和非经济财货(赫尔曼的分类)——当然,财货也包括(从赫尔曼1832年以来的著作)"劳务"和"关系"。但那是标准的德国经济学,当时已经超过40年了。"人精打细算(economize)所依据的基本原则"取自劳和赫尔曼;自从他们的著作出版以来,强调"在较不重要的需求之前,满足更重要的需求"有多么重要已经成为普遍的做法。"精打细算的人,其特征是具有给需求排序,并忽视那些不太重要的(尽管经常是令人愉快的)事情的能力,而不精打细算的人则通常以更重要的需求为代价,来满足不太重要的需求;对个人和国家来说都是如此。"(笔记本 I)

但是,从前面这些简短的段落起,亚当·斯密就具有支配地位。随着"第二经济原理"(没有说"第一"是什么),我们读到了斯密的劳动分工,接着是前面已经提到的激励理论,这基本

▶ 引言:鲁道夫讲稿中的门格尔经济学研究

上是一种古典主义理论,因为它是以供应为导向的。然后,我们能继续看到生产要素、收入、财富和资本的概念。在这里,王储被教导(很大程度上是斯密的脉络):"对于很多人来说……他们的劳动潜力构成了他们的资本。"(笔记本Ⅲ)——这肯定会让人联想起斯密的说法,即"每个人都拥有在他自己的劳动中拥有的财产,因为它是所有其他财产的最初基础,所以它是最神圣和不可侵犯的。"(《国富论》Ⅰ.ⅹ.c.12)门格尔继续解释节俭和储蓄的重要性,再没有任何话题比这更斯密了;然后他谈到价值理论,在这里讨论了(与斯密相反)德国原初古典主义脉络,并通过解释货币的重要性(亚当·斯密同样在这方面研究了这个话题)来结束理论探究。

门格尔对价值理论的处理与斯密有些不同,我们不应该感到惊讶。德国人从劳和赫尔曼以后就拒绝了劳动价值论,并且,罗雪尔将其描述为仅仅是英国人在偏离事实。① 以一种前斯密式(pre-Smithian)的方式(但斯密熟知并提及过,《国富论》Ⅰ.ⅳ.13),门格尔区分了"使用价值"和"交换价值"。他提出了两个价值定义:"价值是一种财货所具有的、对个人的重要性,

---

① 罗雪尔(1864年),§107,p.200:"英国人的观点实际上是全国性的,好像价格的平衡是基于这样一个事实,即所有商品都具有与劳动力成本相同的价值。"(Echt nationalist die englische Ansicht, als wenn das Gleichgewicht der Preise darauf beruhete, dass alle Güter soviel Werth hätten. wie sie Arbeit gekostet.)

因为前者可以满足后者的需求";以及"一旦我们认识到,如果我们没有对某件财货的控制权,我们的某种需求就不能被完全满足,价值就是该特定财货所具有的对我们的重要性"(笔记本Ⅲ)。但是,再一次地,它们也是远早于门格尔时代的标准德国教科书定义。作为笔记本中提到的仅有的两位作家之一(另一位是亚当·斯密),门格尔在此明确给出了18世纪法国作家艾蒂安·博诺·德·孔狄亚克(Étienne Bonnot de Condillac)作为引用对象——孔狄亚克是罗雪尔在这一点上通常引用的对象,这是如此典型,以致卡尔·马克思攻击罗雪尔从孔狄亚克那里拿走了他的价值理论。[①] 唯一一句可以让我们感受到门格尔自己思想的话是:"(价值的)衡量标准是完全相对的,取决于所有民族和个体的品位、性格和风俗的各种影响。"尽管如此,这句话立即就被一个对主观价值论的创始人来说,似乎并不典型的表述否定了:"但是,为了使交流成为可能,必须赋予贸易物品或多或少的明确价值,它们是根据文明民族的长期经验和需求来确定的。"

关于边际评值,在笔记本中我们找不到哪怕是一点暗示,尽管事实上赫尔曼在1832年已经有过非常接近它的表述。[②] 也没有

[①] 参见马克思(1867年)1987年,p.157。
[②] 参见赫尔曼(1832年),既见于他关于各种就业的生产力的长篇讨论中("在消费者眼中,服务看起来是生产性的,当交换产品时,不会产生比使用替代方法时所需的更高的主观成本",第32页),也见于"论最佳消费"。

▶ 引言:鲁道夫讲稿中的门格尔经济学研究

使用任何边际效用——或效用本身——的概念,连顺带一提都没有。鲁道夫的笔记中仅仅提到了一个非常混乱的陈述:"对于一些物品,价值取决于它们的稀缺性;对于另一些物品,取决于被满足的需求的重要性;而对于另一些物品,取决于可用物品的数量。"(笔记本Ⅳ)有半句话顺带提到了收入的边际效用递减。但是约翰·斯图亚特·穆勒和其他古典主义者已经简要地提出了这个概念。最重要的是,门格尔没有提出要素价格来作为衍生效用——取决于其对最终满足生产的贡献。

门格尔教给王储的是纯古典的工资理论,与他本人的《国民经济学原理》完全相反。门格尔明确教授给鲁道夫的是"工资铁律",F. 拉萨尔(F. Lassalle)为德语区的人给这一理论起了这个令人难忘的名字。"最简单的劳动,"鲁道夫写道,"根本不需要任何培训,就足以为工人阶级家庭提供生活资料。更先进的……高技能类型的劳动需要事先的训练,报酬也更为丰厚,这和必要训练的成本成比例。"(笔记本Ⅹ)这是经典的供应侧论点,与基于需求的边际生产力理论相违背。但是,一般的工资理论在笔记本中仅被顺带一提,其主要关注点是公务员的合适报酬。我们在此应该遵循什么原则?"(国家的)首要职责是保证那些致力于服务公共利益和国家的人,能拿到与其培训和活动范围成比例的工资。"众所周知,斯密是人力资本理论的创始人。这不过是对其论点,即用教育投资的机会成本,来解释高技能人才的工资差异的一个简短声明。(《国富论》I.x.b.6)只是这种论点,特别是其在专业领域的应用,正是整个边际主义学派,尤其是门格尔要着手反驳的。

鲁道夫笔记为我们提供了一个举世闻名的经济理论家最令人震惊的自谦的案例。谁能相信门格尔教的是他认为绝对错误的东西?即使有人建议他应该教授基于亚当·斯密的课程,这看起来也不太可能。因为要指出亚当·斯密认为成本仅仅是给定的,而"现代人"走得更"深一点",并表明在最后成本也必须符合生产要素服务的评值——依据其提供给最终消费者的效用——仍然是很容易的。事实上,德国经济学家在劳和赫尔曼之后开创了边际生产力理论,而约翰·海因里希·冯·屠能(Johann Heinrich von Thünen)在这方面也是如此,他在这方面根本就不是孤立的独行者。门格尔也可以采取这样的方式来阐述供给侧的考虑:斯密的整个理论论证建立的基础只在长期内有效,而对于短期目的而言,必须考虑需求来将其抵消掉。他有很多种做法来仅仅"补充"亚当·斯密的价值概念,而在其他方面仍然坚持斯密的框架,但他没有采用任何一种做法。这迫使我们得出两个结论:门格尔显然认为,对于入门课程来说,古典主义的价值概念仍然是近乎最有用的;他也可能认为,他所教的供给侧的考虑,为他想

▶ 引言:鲁道夫讲稿中的门格尔经济学研究

传达的那些古典自由主义思想提供了更好的基础,① 尤其是关于经济是如何运行的,以及它应该如何运行的问题,包括激励和自助的话题。

鉴于门格尔把道德要求与政府职责和个人主动性这两个话题联系到了一起,他可能更愿意采取供给侧的方式,而不是通过谈论欲望及其满足来牵扯出任何享乐主义的弦外之音。

笔记本是否反映了卡尔·门格尔深思熟虑之后的意见?

本引言认为,奥地利王储鲁道夫的讲稿准确地反映了门格尔对经济政策问题的看法,甚至是对经济理论各种替代范式的相对重要性的看法。此外,本引言还认为,笔记本反映了卡尔·门格尔的成熟判断,但也存在其他的替代解释。我们将在下面讨论这些可能的解释。读者必须自行判断。

第一种替代解释是,门格尔给鲁道夫上的只是传统和标准的本科生"速成课程",门格尔只教了王储几个月,虽然这几个月是密集学习。在我看来,这个论点并不成立;我认为,这是所有

---

① Mark Blaug, *Economic Theory in Retrospect*, 4th ed., Cambridge, Cambridge University Press, p. 302. 他在评估边际效用理论在意识形态上可能存在的偏差时指出:"事实上,对于捍卫私有财产来说,古典经济学是好得多的工具。"门格尔意识到这一点了吗?

替代解释中,解释力最弱的。首先,这不是门格尔自己的速成课:他并不教经济政策。其次,对于19世纪70年代的奥地利,一门古典自由主义的课程根本不是传统或标准的。在17世纪80—90年代,奥地利早期接受过亚当·斯密;但是,从梅特涅(Klemens von Metternich,1773年5月15日—1859年6月11日,德意志出生的奥地利外交家)时代开始,自由主义思想便一直备受谴责,奥地利在传统上是高度家长式和干涉主义的。事实上,门格尔在奥地利是亚当·斯密的重新发现者——他将这一重新发现传达给了王储。

第二种替代解释是,众所周知,那些负责鲁道夫教育的人,例如拉图尔—图姆伯格伯爵,乃至伊丽莎白皇后,都属于自由主义阵营,他们给门格尔布置了任务,以亚当·斯密为基础,教王储古典自由主义课程。再次,我们无法确凿地证明任何事,因为给门格尔的指示没有保存下来。但是,根据可能的(模糊)指示,我们没有足够的证据支撑这一论点:门格尔提供了一个更为古典自由主义的亚当·斯密版本,其中只包含较少支持国家行动的特例,而非给出了一个弱化的版本。至少,斯密必须完全符合门格尔自己的偏好。当门格尔用当时已经陈旧的德国教科书摘录来补充亚当·斯密时,我又一次想到的仅仅是:门格尔认为,(古典自由主义的)前人在经济政策问题上有比现代人重要得多的见解。一位老师有意识地试着变得老派,并教导正在崭露头角

▶ 引言：鲁道夫讲稿中的门格尔经济学研究

的政治家过时的观念，这一点都不典型。

第三种替代解释指出，对于古典自由主义的不干预主义，门格尔所介绍的例外情况甚至比斯密还少。这种论点是这样的：在给一个18岁的学生上第一次本科课程时，老师会进行简化；只介绍主要论点，而不讨论例外。对此，我想回答，人们只有当认为例外无关紧要的时候，才会排除例外；并且，门格尔知道，这不仅是第一次，也是最后一次给王储上课。在我看来，通过剔除哪怕是斯密自己提出的告诫，门格尔表明他完全赞同斯密。

关于门格尔自己的理论观念，也可能会有同样的论点：他没有时间去讨论自己复杂的新论点。但是，关于生产要素边际生产力定价或者商品定价，他本可以轻易插入一些自己的关键概念，并且只花几分钟。毕竟，正如他在自己的《国民经济学原理》序言中自豪地宣告的，他建立了一个"统一的价格理论"；而相比一个针对每个特定案例的理论（他实际上呈现的是这种，与古典主义者相一致），一个统一的理论教起来更容易，因此也更快。如果他的时间不够，为什么他会明确提到这些（在边际主义革命者眼里的）胡言乱语：如果商品在绝对意义上是稀缺的，那么它们的价值就高；或者，根据"工资铁律"，工资是由维持生计的水平决定的？

因此，我认为，在考虑了各种可能的解释之后，我们被迫得出结论：在政治上和理论上，卡尔·门格尔比我们通常认为的更偏向一位古典经济学家。即使他在1883—1884年所谓的"方法论论战"中与古斯塔夫·施穆勒（Gustav Schmoller）发生冲突，也没有提出相反意见：因为从表面上看，这场冲突关乎经济理论本身的作用，而不仅仅关乎主观价值论；当然，古典经济学家提出了大量的理论，大量不以任何历史相对性为条件的理论。隐藏的议题是方法论上的个人主义，对阵年轻的历史学派所支持的国家的整体概念。而门格尔作为亚当·斯密的追随者，将不得不选择他所选的那条路径。

在政治上，门格尔的声明——即他不是"曼彻斯特自由主义者"，并且在经济政策问题上并不反对所有改革——看起来有些出于被迫，或者至少容易被人误解。① 门格尔当然是国家行动上的最小主义者。在理论上，众所周知，在他的《国民经济学原理》中，他并没有把自己当成科学上的革命者，而是仅仅把自己当成改革者——或者我们甚至应该说，当成一种确立已久的思想的复兴者？鲁道夫讲稿强化了这种印象。如果说，有某个人花了极为漫长的时间，来充分意识到卡尔·门格尔对经济学的革命性影响，这个人就是卡尔·门格尔自己。

---

① 门格尔（1884年），p.83。门格尔将他是一位曼彻斯特党（*Manchesterpartei*）成员的指责否认为"无聊的"，他指出，不可能从他关于经济理论的文章中推断出这样的事情，并断言，看到私人利益的自由发挥成为共同经济利益的主要来源是完全可敬的，最后表示他的谨慎（即在设计改革时应考虑到已经取得的成就）并不意味着总是反对改革。再一次，晦涩的措辞让门格尔显得自己比他实际上偏向干预主义得多。

来自鲁道夫笔记本的一页,展示了门格尔对文本的编辑

政治经济学 I . 1876 年 1 月

在封面内侧：

【内容：

笔记本 I：

引言：满足人的需求的重要性

政治经济学的分类

    1. 经济政策

    2. 公共财政

    3. 经济理论

财货理论与经济理论

论人精打细算所依据的一些基本原则

经济第二原理

劳动分工

工作的激励

<u>计件工资</u>

▶政治经济学Ⅰ.1876年1月

简单的股份制

委员会制度

关于制度和财产的经济意义】

满足人的需要的重要性,及满足人的需要与整个精神生活和物质生活的紧密联系是一个事实。① 对如何满足最基本需求的担心,完全占据了绝大多数人的心智,并作为杠杆,推动他们执行最令人厌恶的工种。②

只有极少部分人能够免受这些捆住手脚的困扰,并将时间花在智识事业上;但这些少数人不能忘记大多数人的认真努力,必须承认,对绝大多数公民来说,这些努力是生死攸关的事情。

所以,国家元首必须特别注意这些情况,并通过福利和满足,成功地促进公民的经济努力,来让他们的国家强大起来。但是,国家的这种干预必须有限度,因为如果个人有责任照顾他自己和他家庭的生活,对社会的一般福利会更好;因为这样的责任会一直驱使他不断地进行活动,这会促进全人类的福祉。然而,无须强加,个体公民应该明白,当自己的意志力量不足以克服一

---

① 劳(1855年)在第11页后谈到物质文化与非物质文化之间的紧密联系。

② 与舍夫勒(1867年)的引言页明显相似。另见门格尔(1976年),第77页,他紧密地遵循了自己的老师彼得·米舍勒(1857年),第13—16页。米舍勒使用了杠杆的明喻。

切经济活动中的障碍时，国家会准备好保护和支持他，或采取措施来促进这些经济活动。①

为此，各国政府要小心翼翼地努力，改善社会环境，使经济更加繁荣，并重视一些被称为改善经济理论或经济政策②的特定规则，它包括随时间推移而累积起来的经验，是统治艺术的重要组成部分。

正如个人需要手段来维持和改善自身，为了实现其众多目标，国家也同样如此。然而，为了满足其基本需求，它必须有一份定期收入。③ 如何获得这样的收入，并最妥善地使用它，是一门专门的学科（公共财政或预算理论）的课题。关于经济问题，

---

① 本段（以及后续笔记本中对其的扩充）是门格尔在鲁道夫的笔记中最原创的贡献——如果不说是他唯一的原创贡献的话。对于斯密（1776年）而言，由自利推动的个人主动性是私营企业经济的可靠基础，而私营企业经济几乎不需要政府活动；而门格尔认为，国家的任务是发展和培养其成员的这种个人主动性。

除此之外，本段详细阐述了劳（1855年）第15页中的相应段落，其中作者对政府干预经济进行了辩护，需要拆除的障碍可能大到让个人努力无法成功。劳接下来的半句话门格尔通常会省略："……为了使（国民经济）进一步指向国家所有成员的经济福利，并与其目的相匹配。"对于追随斯密的门格尔来说，劳给出的第一个理由似乎是多余的，而第二个想法——国家经济有其自身的目的，只是为了与个人的目的一致——与他的方法论个人主义背道而驰。

② 在其术语中，门格尔遵循了他那个时代的旧标准德国教科书，即劳（1855年），第16页。

③ 门格尔非常严谨地遵循了劳（1855年）的思路，第15页。劳认为政府有两个经济活动领域：(1) 推进人民完成经济目标，(2) 通过收入来满足自己的需求。对于后一项活动的研究，门格尔使用德语中的"公共财政"（Finanzwissenschaft）一词，这个词是劳创造的。门格尔只做了一项创新，不过非常重要：虽然劳谈到通过收税来满足政府自身的需求，但门格尔将这项活动限制在基本需求之内。

▶ 政治经济学Ⅰ.1876年1月

统治艺术的理论有两个主要分支：

1. 经济政策，它研究改善一国经济的手段；
2. 公共财政，它研究最佳的预算管理。

要学习这些已经对政治生活产生积极影响的学科，需要先熟悉另一门学科（即经济理论）。

2. 财货理论与经济理论

一件财货是指一件能用于满足人的需要的东西，而这种需要已经经过验证，并且，有人掌握了这件财货。①

财货分为②

1. 劳动服务；
2. 物质财货；
3. 关系。

此外，财货还可以分为：③

---

① 除了门格尔在《原理》之后添加的可用性条件之外，该定义的第一个表述遵循了胡费兰（Hufeland，1807年），第二个表述是罗雪尔的定义："所有这些都被认为适用于满足真正的人的需求。"参见门格尔（1976年），第288页，注释9。

② 这看起来很像以舍夫勒（1867年），p.47 f. 的措辞来表达的赫尔曼（1832年），p.1 f. 的著名分类。

③ 在这些讲稿中，门格尔提出自己的想法和表述是非常不寻常的，而他在这里提出了一次（直到下一个标题之前的最后一个句子）。第一段遵循了《原理》（1976年），第94页后和第98页。在经济财货和"免费"财货之间的区分中，门格尔引用了这一区分论点广为人知和常被引用的作者，即赫尔曼（1832年），第3页。

1. 经济财货，即我们拥有财货的数量，少于可以满足我们所有需要的数量，因此我们需要精打细算；

2. 非经济财货，即具有相反关系的财货，因此我们不必对它们精打细算。

当人们意识到可用的财货少于所需的财货时，他们将尽可能地满足自己对这种财货的需求，因此，他们会努力地：①

1. 保护每种特定数量的此类财货免受损失；

2. 保留它们的有用属性；

3. 在他们必须满足的更重要的需求和不那么重要的需求之间进行选择；

4. 用尽可能少的可用财货来满足需求，从而满足尽可能多的需求。

财富被定义为一个人的经济财货的总和；非经济财货不属于这种财富。②

富有指的是拥有超过一个人的生活所需的财富。③

---

① 这一段和列举的四个"努力"几乎逐字地对应门格尔（1976 年），p. 95 f.。

② 该定义取自门格尔（1976 年），第 109 页。然而，他的定义非常接近罗雪尔（1864 年），§7，p. 11。

③ 罗雪尔（1864 年），§9，p. 13。（门格尔自己并没有定义财富。）

▶ 政治经济学 I. 1876 年 1 月

人精打细算所依据的一些基本原理[1]

当人们意识到许多财货只有少量可用时,他们会努力去精打细算;这样的财货被称为经济财货。

在精打细算时,人们会努力:

1. 保持对这些财货的充分控制;
2. 保存其有用的性质;[2]
3. 在满足不那么重要的需求之前,先满足更重要的需求;
4. 使用少量财货来满足需求。

由此,我们可以推断,人们会努力避免经济财货的损失和破坏;此外,可以看出,人们努力在更重要和不太重要的需求之间

---

[1] 这是门格尔教学方法的第一个例子,我们将在鲁道夫笔记中多次遇到:在对主要观点("主题")进行简短阐述之后,门格尔继续展开并总结它们。鲁道夫并没有区分主题和它的展开。他的记忆就像是照片一样,并且他以这样的方式再现主题和发展,重要的观点最多被重复了四次(这说明门格尔认为它足够重要,需要重复)。在这里,展开并不比"主题"长,所以下面的段落与上一段几乎完全相同。

然而,鲁道夫经常在某种程度上不系统地再现门格尔的论述:从下一页我们能明确地了解第二个经济原则是什么,但只能通过暗示得知第一个原则。

[2] 通常,鲁道夫使用的语言比门格尔更简单、更现代化,而门格尔的著作里拉丁语中的外来词比比皆是。

在第一版(前一页)中,鲁道夫使用了"保存"(erhalten)这个词,现在他谈到门格尔(1871 年),第 52 页,所用的词是"保持"(konservieren,准确地说是 conserviren)。与第一版不同的是,门格尔原文中"特定数量"(particular quantities)一词被省略了。

进行选择，后者不会得到满足。

某些财货的重要性与一个人的财富成反比；[①] 一个穷人经常不能满足他最迫切的需求，而一个富有的人只需避免消耗无用的奢侈品。

精打细算的人，其特征是具有给需求排序，并忽视那些不太重要的（尽管经常是令人愉快的）事情的能力，而不精打细算的人则通常以更重要的需求为代价，来满足不太重要的需求；对个人和国家来说都是如此。[②]

由于情况的复杂性，国家要比个人更难以判断需求的相对重要性；此外，在政治生活中，公共部门负责人的利益与整个国民经济的利益之间可能会产生矛盾；在这种情况下，公共利益必须优先于私人利益。

[①] 这是唯一一次出现（边际）效用随着财富增加而减少这个概念。在门格尔的著作中，它从未被如此简单地表达，但该段落大致对应于《原理》（1976 年），p. 126 ff. 。在门格尔之前，德国经济学家们并非完全不知道边际效用随着库存增加而减少的理论：它是由希尔德布兰德（Hildebrand，1848 年）明确地发展的，而罗雪尔（1864 年），§6，p. 10 就在他对财富概念（§7）的阐述之前，提到"保持需求不变，任何库存的减少都会导致各自的价值增加"。"成反比"是希尔德布兰德而不是门格尔的措辞，参见施特莱斯勒（1990a）。

[②] 本段及以下段落显然是指 1870 年在慕尼黑出版的赫尔曼（1832 年）第二版。门格尔在他的《原理》中广泛使用了第一版，但没有及时看到第二版。大量的篇幅在讨论需求——需求按强度可分为绝对（或不可抑制的）需求和相对需求。赫尔曼没有明确说明，但暗示了私人经济主体可能会在衡量每个需求时犯错；不过，赫尔曼明确说过政府会犯此类错误。这显然使门格尔感兴趣，他想让鲁道夫把注意力放在这个问题上。赫尔曼（1870 年）的相关段落见于第 83 页。

▶ 政治经济学Ⅰ.1876年1月

经济第二原理

在我们为改善经济状况而努力时,满足更重要的需求,而无视不太重要的需求是不够的,与此同样重要的是,我们以最经济的方式满足这些需求。这一原理适用于消费和生产。①

劳动分工是便宜而经济的生产的重要预备条件;该术语表示以这样一种方式组织工作,即每种产品或产品的一部分由不同的工人执行。

这样的组织可以回溯到不同行业的发展经历;随着文明进步,它们被细分为许多不同的职业。该制度的巨大优势是:②

---

① 舍夫勒(1867年),p.3。斯瓦比亚人舍夫勒对精打细算的原则特别感兴趣,并以此作为他推理的起点。

② 从这里开始,门格尔追随了斯密(1776年)的理论,至少是将其作为了最终出处。斯密(1776年),Ⅰ.i.5,也给出了三个优点:"劳动分工能够使相同数量的工人生产的产品大幅增加,是由于三种不同的情况:首先,提高了每个特定工人的技巧;其次,节省了从一种工作切换到另一种工作时时常常损失的时间;最后,发明了许多便于劳动和减少劳动量的机器,并使一个人能够完成许多人的工作。"门格尔省去了斯密讨论的第三种情况,即机器的发明,并代之以国际分工的优势。这表明他的直接出处是罗雪尔(1864年),§50,p.91 f.。罗雪尔正好给出了这三个论点,将它们编号为A、B和C,他使用了不同寻常的德语术语"Virtuosität"来表示熟练度(劳使用的是"Geschicklichkeit",更接近斯密的"灵巧"),并且,他在B论点之下提出了学习是一种长期的时间节约,正如鲁道夫所记录的那样。这是鲁道夫精确记忆的另一个例子。

A. 由此产生的个体工人拥有精湛技艺。① 因为一直在从事同样的工作，使他可以在该操作中达到最高的技能水平，从而产生出色的结果。

B. 节省时间和精力。个体工人的任务范围越窄，他熟悉得就越快，他的学徒时间就越短，他就越快掌握日常工作，并使技艺变得精湛。

这节省了时间，因为许多工人分工执行比单个工人负责整个过程更快；此外，这避免了辛苦地慢慢学习如何执行多个单独操作。

C. 在国际劳动分工的背景下，一国可从进口外国的产品；各国都从事本国的特定活动，然后与其他国家进行交易。

分工有其局限性：

Ⅰ. 分工自然使某些工作在特定时期无法完成，农业尤其如此；②

Ⅱ. 在市场很小的地方，如果生产者把自己限定于一种交易，

---

① 这似乎是对门格尔讲稿的逐字复制，根据罗雪尔（1864 年），§50，p. 91 f.，劳动分工在于：A. 提高了工人的熟练程度（"精湛技巧"）；B. 节省了一定的时间和精力；C. 特别是国际劳工分工。

② 斯密（1776 年），Ⅰ.ⅰ.4："农业的本质确实不允许如此多的细分劳动。"同样参见罗雪尔（1864 年），§51。

▶ 政治经济学 I. 1876 年 1 月

相应的销售所得将不足以维持生活。① 增加劳动分工需要首先改善交通方式，② 特别是从生产地区到市场的运输。

由于小社区的市场小，一个人可能会经营多种或者至少几种类型的业务，这些业务在较大的地方则分给了不同的人员。③

工作的激励

除了劳动分工外，工作的强度增加也能大大增多产品的数量，从而让产品变得便宜。因此，任何使工人更加努力工作的激励，都可以被视为对经济的增益。④

---

① 这是斯密（1776 年），I. iii. 的主要观点，题目是"市场的范围限制劳动分工"。斯密接着全面地考虑了运输方式对劳动分工的重要性。另见罗雪尔（1864 年），§52。

② 罗雪尔（1864 年），§53，p. 95 的原话。

③ 罗雪尔（1864 年），§52，p. 94 f.，第一个分论点。

④ 这是一种常用的古典主义甚至是前古典主义观念。门格尔不加限定条件地讲到它，是非常令人惊讶的，因为它直接依赖某种劳动价值论，这实际上与门格尔自己的主观价值论不一致。因为，如果从激励中获得的额外效用只是等于劳动的额外负效应，至少在边际上应该相等，那么在"平滑的新古典主义"条件下，净效用不会增加，因此"经济没有增益"。因此，人们可以合理地质疑门格尔是否与 W. S. 杰文斯相反，曾经考虑过劳动的负效用。

斯密（1776 年），I. viii. 40，只提到高工资的激励效应："劳动的自由报酬……增加了普通人的勤勉。"

劳（1855 年）在§112 中把劳动者的勤勉和劳动分工（§114 ff.）紧密联系在了一起。在这一段中，劳对激励给出了一个简短的概要，为门格尔自己的论述埋下了伏笔。因此，研究与劳动分工相关的激励是劳提出的，而门格尔实际的研究遵循了罗雪尔，他也是劳动分工的直接引用对象。

对工人最有效的诱导，在于让他们认识到，他们的报酬取决于自己的勤奋。① 奴隶是最不勤劳的，因为他知道自己不会因为他的劳动而收到报酬，他的任何额外努力只会让他的主人受益。②

以类似的（尽管不那么明显的）方式，农奴制或强迫劳动让工人失去精力，并因此对经济造成了不利影响。③ 废除农奴制（或强迫劳动）带来了发展的干劲和活力，农业也随之得到了发展。

另一种工作的激励是计件工资制，工人收到的工资不取决于工作天数，而是正比于生产的件数。④ 与按日付薪相比，⑤ 这种付

---

① 在这里，整个段落都遵循罗雪尔的思路（1864 年），§39，p. 67 f.。
② 斯密（1776 年），I. viii. 41："我认为，从各个时代和各个国家的经验看来，自由人所做的工作最终比奴隶所做的工作更便宜。"斯密（1776 年），III. ii. 12："一个奴隶……除了维持生计之外什么都得不到，因此会通过让土地尽量减少产出，来让自己轻松。"斯密继续用这些原理来解释农奴制的衰落。鲁道夫笔记中使用的阐述遵循罗雪尔（1864 年），§39，p. 67。
③ 罗雪尔（1864 年），§39，p. 67 f.。
④ 斯密（1776 年），I. viii. 44 也提到计件工作是一种激励计划。有趣的是，门格尔只看到了计件工作中积极的、增加生产的一面，或者只是对产品质量的可能下降感到痛惜，而斯密则主要怀疑："工人……当他们按件数自由地获得报酬时，很容易过度工作，并在几年内毁掉他们的健康和体质。"因此，相比斯密所表明的，门格尔教给王储的不那么关注社会，在这方面，斯密可以说比门格尔更加是一位主观价值理论家。

罗雪尔（1864 年），§39，p. 67，继续在农奴制（和日常工作）之后讨论计件工作，就像门格尔在这里所做的那样。因此，门格尔在这段文字中逐一再现了罗雪尔的观点。顺便一提，罗雪尔认为"计件工作的盛行"使英国在经济上具有了极大的优势（他引用了豪利特 1788 年所写的话）。
⑤ 罗雪尔（1864 年）在同一段中提到。

款方式给工人带来更大的自由;在计件工资制下,他的活动不是被强制的,甚至不是受控制的,而是由自己的判断决定的。

虽然这种制度具有很大的优势,但其缺点是工作人员会潦草地工作——以便生产尽可能多的部件。国民产值在数量上会增加,但在质量上也会相应受损。[①] 因此,在所有产品价值主要取决于细致工艺的情况下,使用计件工资制是不可取的。

在单一股份制中,工人的报酬只取决于利润分成。[②] 其优点是让工人与公司的命运紧密关联,以便让他对公司状况的兴趣几乎等同于他对自己福利的兴趣。

但是,也存在以下反对意见:如果企业停滞不前,甚至出现亏损,工人不能承受收入流的中断,更不用说收入的损失。[③]

佣金支付是工资和利润分成的组合。在这种情况下,工人会拿工资,如果公司取得了利润,那么也会拿利润分成。

对这种工作的高度尊重也必须被视为另一种激励。[④] 只有在原始和不文明的国家,才会看不起工作,将其视为奴隶的事;工作让国家和文明蓬勃发展。任何形式的工作都是光荣的,只有懒

[①] 罗雪尔(1864年),§39, p. 67 f. 做出了这一批评。
[②] 罗雪尔(1864年)接着提到了利润分成:参见§39, p. 68。
[③] 罗雪尔同上。
[④] 罗雪尔同上。

惰才是被鄙视的。①

但是，为了让各个阶层的人民生活都兴盛繁荣，统治者必须培养和尊重勤勉的品质。②

私有财产的制度和经济重要性

没有财产的数量会多到足以满足其所有者的所有欲望和需求；所以，这位所有者开展了一种活动，我们称为精打细算；其中一部分是努力保卫财产免遇各种危险，特别是免遭第三者的侵犯。③

但是个人不能只靠自己的手段来提供这种保护，而可能被暴露在比他自己更强的人的攻击之下；在这种情况下，一切通过工作积累财富的努力都将是徒劳的。因此，只有在国家保护公民的财产，从而将公民引向节俭、节制和勤勉的时候，国民经济才能真正发展壮大。

---

① 斯密（1776 年），Ⅰ.ⅸ.20 评论说，在荷兰，闲散是不合时宜和被鄙视的，因为这个国家非常富有，以致利率变得如此之低，除了最富有的人，几乎没有人会被动地以利息收入为生。罗雪尔（1864 年），§41，p.73. 详述了这一点。

② 这是罗雪尔（1864 年），§39，p.68 的最后一个想法，只是表达略有不同。笔记本中的 2 页几乎完全对应于罗雪尔的 2 页。

③ 门格尔再一次严格遵循了斯密所说的"主权的第二职责"。参见斯密（1776 年），Ⅳ.ⅸ.51，特别是 V.ⅰ.b 中的阐述（尤其是 V.ⅰ.b.2）。请注意，门格尔比斯密更强调私人财产的重要性。

▶ 政治经济学Ⅰ.1876年1月

因此，这种保护是任何政府最重要的经济职责之一。

然而，财产制度有其不可否认的缺点；① 在发展过程中出现的最糟糕的影响之一是贫富之间的巨大差异，② 这在一个人对比——这时常发生——一种无须行动或工作的愉快生活，和一种没有最基本满足感的苦难和匮乏的生活时，极其突出。

---

① 通过首先讨论私有财产的社会优势，然后讨论用"社会主义"和"共产主义"作为限制或废除私有财产的尝试，门格尔遵循劳（1855年），§45a 后期版本中的简短讨论以及罗雪尔（1864年），§§78-85 中的广泛讨论。

② 罗雪尔（1864年），§178, p.140 f.（条件A）。

政治经济学Ⅱ.1876年1月

这些弊端导致一些人将私有财产制视为现存不幸的原因,并敦促将其废除。

这些观念是"共产主义者"① 观点的核心。他们要求:

1. 国家没收所有财产(因此不需要任何形式的继承法);②

2. 每个人都将其劳动力交给国家处置;③

3. 作为回报,国家满足每个人的需要;④

4. 国家为抚养儿童提供特别关照。

所谓的"社会主义者"⑤ 没有到"共产主义者"这种程度。他们并不要求废除私有财产和继承法,而是要限制上述制度,特别是土地财产。

---

① 泛指当时的共产主义者。中译者注。
② 劳(1855年),p.55。
③ 罗雪尔(1864年)。
④ 同上:"由政府当局……直接管理所有生产和消费。"
⑤ 泛指当时的社会主义者。中译者注。

▶ 政治经济学Ⅱ.1876年1月

上述列出的提案可能无法实现,但在现有条件下,它们绝对无法实现。他们的预设条件是发达的社区精神,高水平的教育,臣民中几乎不存在利己主义,以及统治者极为节制、智慧和无私。①

即使有了这些预设条件,仍然会有相当大的缺陷:

1. 我们目前能看到的,个人对自身福利的责任,对自己子女命运的责任,还有随之而来的个人力量的巨大来源,将会严重减退,因为他们缺乏个人(个体)的动机。②

2. 在"共产主义"乃至"社会主义"制度下,将会发展出一种专制③制度来压制任何一种个人选择。没有人可以为自己选择职业或专业,但必须在所有事情上遵守政府法规。

在众多制度中,备受"共产主义者"和"社会主义者"攻击的是继承法④,一个人能够通过它个人获得财产,却没有为之工作。然而,有一些有利于继承法的重要论据:

1. 每个人都有历史【英德版编者:?】权利,按他认为合适

---

① 这一段强调不太可能存在的社区精神,以及不存在利己主义,都是"社会主义"的先决条件,这些都预示着 F. A. 冯·哈耶克,特别是哈耶克(1988 年)中的理论。它取自罗雪尔(1864 年),§81,p. 147 f.。

② 罗雪尔(1864 年),§82. p. 151。在罗雪尔的书中,这个观点是在下一个观点之后的,所以门格尔在这里改变了顺序。

③ 同上。门格尔遵循罗雪尔的思路,在这里预示了 F. A. 冯·哈耶克(1944 年)。

④ 罗雪尔(1864 年),§86,p. 158 f.。

的方式，即通过临终遗嘱，处置他的财产；①

2. 继承法制度为人的勤勉、自我克制和节俭提供了一种最重要的杠杆，因为个人追求供养自己的家庭，并有自然欲望去建立一个良好的家庭。②

备受"社会主义者"攻击的另一种制度，是地产。因为"社会主义者"认为，与其他类型的财产相比，地产最初不是通过劳动获得的，而是通过占领或武力获得的。③

这可以反驳，占领土地远非一种武力行为，它带来了文明的进步，而多年的占用一直证明着那些征服行为的正当性；此外，经过很长一段时间，有关的小块土地并没有在原来的占有者的继承人手中。

因此，现代国家应该捍卫有产阶级（房地产所有者、房屋和工厂所有者、商人、资本家等）的利益，使其免受"社会主义者"和"共产主义者"不可行的计划的伤害；但另一方面，国家绝不能忽视一部分无产阶级的明显痛苦，应该尽一切努力改善工人阶级的状况，减轻他们逐渐显现出来的痛苦。

---

① 罗雪尔的相应句子，同上，对比了家族继承和遗嘱自由。后者不是支持继承法的观点。

罗雪尔提到，土地财产通常不存在遗嘱自由。根据罗雪尔的观点，门格尔想传达的可能是，遗嘱自由和继承法可能会增强私有财产的激励效应。

② 罗雪尔（1864年），§86，现在被鲁道夫正确地复述了。

③ 罗雪尔在讨论继承之后，在§§87—88中立即讨论了土地财产，尽管没有这里提出的论点。

▶ 政治经济学Ⅱ.1876年1月

工具与机器[①]

工具是这样一种器械：它为的是增加人的物理力量的效果（例如锤子、剪刀、军刀、耙子、针等）。

相比之下，机器是这样一种器械：它可以更自动地产生某些效果，不过是在人的操纵下。

机械分为：

1. 发动机；

2. 机器本身。

发动机这种机器能够产生用于生产目的的能源（例如水车、风车的风帆、蒸汽机）。在某种意义上，如此处所述，也可以把动物视为机器。

最早的发动机是人的体力，第二阶段是动物能源。[②] 后者比前者更可取，因为价格更便宜，有更好的适应性，并在大多数情

---

① 在这里，门格尔遵循了劳（1855年）的理论，第146页，和罗雪尔（1864年），§42，p.75；论工具的第一段遵循了劳所说的话，论机器的第二段是罗雪尔所说的话——这两位作者又遵循了里德尔（1838年）的理论。

② 门格尔认可了里德尔（1838年），第315-330页中对该主题的广泛讨论。在§391中，里德尔区分了"人力或手动引擎……动物引擎、水引擎、空气和蒸汽引擎"。到了门格尔，这四种发动机就成了四个发展阶段。请注意，在所有人中，是门格尔借鉴了历史阶段的理论。门格尔的老师米舍勒（1857年），PartⅡ，p.101 ff. 遵循了里德尔的理论。

况下具有更大的强度。

除了这些优势之外，动物能源在发动机中替代人的能源，构成了道德上的进步。①

接下来的第三阶段，是用无生命的动力，首先是水和风，替代动物动力。②

与前一阶段相比，这是一个明显的进步。主要原因是：

（1）无生命的动力能够比动物产生更大的、在大多数情况下更稳定的③动力；

（2）它比动物动力的成本要低得多，因为它既不需要进食，也不会在过程中耗尽。

第四个阶段是在发动机中使用蒸汽。

蒸汽作为动力的优点是：④

（1）其效果的巨大强度；

（2）其效果的巨大稳定性和长持续时间；

（3）不受地点限制，只要燃料充足，就可以使用蒸汽。

蒸汽作为动力的缺点，是安装蒸汽机并提供燃料的成本很高。

---

① 米舍勒（1857年），Port Ⅱ，p.102。
② 同上，p.103f.。
③ 米舍勒（1857年），p.104，详细描述了用于确保水力"稳定"的小配件。
④ 蒸汽是"永不枯竭的能量来源，它允许每座工厂建立和扩大，而不会限制选择工厂位置的自由"（米舍勒，同上，p.105，全部以间隔字母表示）。

2. 机器

机器是这样一种器械:它利用发动机的动力,以一种准自动的方式来执行某些操作,不过是在人的操纵下。例如割草机、打谷机、缝纫机等。

每台机器都需要一个发动机。

机器对经济的益处

机器的主要优点,是原先由大量工人完成的工作量,现在可以由更少的人完成。①

这节省了许多工人的投入,对国民经济来说,这是实质性的优点。

需要指出机器的另一个优点是,一般来说,机器运行具有精密度和准确性。②

在这种情况下,机器对经济的好处与劳动分工的好处相对应。③

---

① 斯密(1776年),I.i.8:"每个人都必须意识到,应用适当的机器能便利和减少劳动力。"

② 里德尔(1838年),第322页,强调改善不仅在数量上,也在质量上。

③ 然而,根据笔记本,门格尔已经跳过了对"机器发展是劳动分工结果"的评论,正如斯密(1776年),I.1.8—9所阐述的那样,他这时认为,机械实际上与劳动分工相对应。里德尔的著作(1838年)中没有讨论这一点,否则它将是这里研究的大部分问题的最近出处。至于斯密,他并没有在任何地方暗示劳动分工或者机器会提高产品质量。

就像机器一样,劳动分工节省了劳动力投入,从而节省了成本,并在一定程度上节省了时间。另外,劳动分工和使用机器大大改善了产品质量。因此,这两种现象都极大地增加了产品的数量,提高了产品的质量。

人们通常认为,劳动分工和机器的缺点,是它们造成了大量的工人失业。基于上述原因,许多工人的确在最初会变得多余,并因此失业。但是,与此相反,可能会有人争论:①

1. 工人有能力转向新的活动;

2. 通过更便宜的生产方式,产品变得更便宜,因此需求量更高。如果购买更多,则需要生产更多。如果生产更多,则需要在工厂雇佣额外的工人,结果是失业工人将最终再次找到工作。

最终,引入劳动分工和机器的结果是:

1. 一国经济的改善;

2. 完全没有缺点,或者顶多对工人来说暂时不利。

【门格尔在页边空白处补充:收入(大体上)是指在特定时间段内计入某人财产的所有经济财货。② 收益是指从一个特定的

---

① 该论点再次遵循了里德尔(1838年)的思路,第327页后。里德尔比李嘉图(1821年版,第XXXI章,"论机器")更乐观。

② 这看起来有点像斯密的著作(1776年)Ⅰ.ⅴ.1的第一句话,但斯密很快就转向一个人可以"控制"的劳动量是其财富的真正本质。最近的出处是劳(1855年),第161页。

收入来源,新计入某人财产的资产总和。①】

一个人的资本②是这样的资产存量:为他提供了满足其需要的手段,而不会侵蚀构成该资本的实际资产存量。③ 资本可能是流动的或是固定的;不论哪种情况,它都是通过经济活动获得生存手段的基础。

资产收入,是指所有者使用和利用资本所产生的,并可能被他使用的所有经济财货。

收入不仅来自资本,还来自其他渠道。

收入的主要目的,是满足所有者的需求;④ 他可以在一段时间内花掉它,而不会侵蚀他的资本;如果他的资本由固定资产组成,而这些固定资产受到各种影响,并因此必须不时维修,以维持其价值,那么应该从收入中拿出必要部分,即不能把收入完全消耗掉,而是总要存下它的一部分。

如果一个人存下了他的收入的一部分,即便没有明确的目的,而是为了可能发生的紧急情况,并且,如果他通过自己的收

---

① 这个定义遵循了斯密的著作(1776 年), I.vi.18,而没有任何明显的德语出处。

② 这里使用的不寻常的德语表达来自劳(1855 年),第 161 页。

③ 在这里,门格尔曾经比斯密更主观,认为资本是"满足其需要的手段",而斯密(1776 年), II.i.2,将资本定义为"一个人预计将给他带来收入的(他的存量)部分"。然而,强调资本维持的重要性,以及在收入计算中扣除维护费用的必要性(根据斯密,为净收入),对应于斯密在 II.ii. 的大部分内容。

④ 赫尔曼(1832 年),第 297 页,将收入定义为主要用于满足需求。

入而非侵蚀资本来满足公民义务,就必须认为他更审慎和更明智。①

对于整个经济来说,个人追求这些经济原则会更好。乍看起来,如果个人花掉他的收入而不是把它储蓄起来,似乎对公共利益有利,因为那样它就会保持流通,并可以重新使用。

然而,这是不正确的;② 通过储蓄和积累他们的部分收入,人们变得充裕,甚至富有,许多富有的人组成了一个富有的国家。

对社会来说,消费全部收入是危险的,因为那是通向繁荣之路的障碍。

---

① 从这里开始,门格尔在这个关键段落中一个接一个的想法,都遵循了斯密的著作(1776年),Ⅱ.ⅲ.14-20——显然是从原版开始的,并且大多没有使用德国教科书。(但是,正如笔记本Ⅲ所示,这只是一个短暂的前奏。)例如,在Ⅱ.ⅲ.14中,斯密阐述了"资本因吝啬而增加,并因浪费和不当行为而减少";第18页写道:"每年节省的费用与每年花费的数量一样被定期消费掉……但是由不同的人群消费。";第19页写道:"一个节俭的人通过每年省下来的钱,他……就像公共济贫院的创始人一样……建立了……一个永久性基金,用于在未来任何时候……维持一拨人的生计。"

② 这是一种有些缩简的方式,形成了萨伊所说的"法律"原型的论点,正如斯密的著作(1776年)在Ⅱ.ⅲ.18中给出的那样——教给鲁道夫的"法律"。毫无疑问,门格尔更充分地展示了它。

政治经济学Ⅲ. 1876 年 1 月

"资产"的概念可以从两个角度来定义：科学的和通俗的。

从科学的角度来说，资产是一个人所有的经济财货；这些可能包括货币、房屋、农场、各种物品、存货、家畜等。它是最广泛意义上的物品的总和。

在通俗的意义上，只有那些产生收入的经济财货才是资产，例如款项、房屋、农场、公司、证券等。这个概念比前者窄，因为它不是所有个人物品的总和，而只是从中可以获得收入的那些部分。①

收入是指在指定时间段内，一个人的资产新增的所有经济财货。②

---

① 在这里，门格尔偏离了斯密的说法。对斯密（这里是Ⅱ.ⅰ.2）来说，门格尔的"科学"概念是"存货"，而门格尔的"通俗"概念是"资本"。但是，请看下面这种区别的一些不同的重复。鲁道夫的笔记可能在表达上稍有混乱。

② 重复上面给出的劳（1855 年）的定义。

收入可能有各种来源，例如，它可能是完成工作的工资，或狭义上的资产收益。收入可分为两大类：净收入和总收入。

一个人的净收入，是扣除所有必须支付的费用（例如税费、租金等）后可以支配的收入金额。净收入总是不同于且远小于总收入，因为通常要从总收入中扣除掉很大一部分（税费是无论如何都要扣的）。①

从上述内容中，可以很容易总结出总收入：它是在从中扣除任何费用之前，一个人以原始形式或粗略形式的全部收入。因此，根据一个人的总收入——尽管这是他所有资产的回报——来判断他的财富是一个很大的错误，他是无法使用总收入本身的。②

回报的概念在许多方面与收入的概念有所不同。

它表示从一个特定收入来源处累积到某人资本的额外资产总和。

回报来自使用特定财货——不是来自所有经济财货，而是只来自其中一些财货。③

收入是来自通俗意义上的资产总额的收益，而回报仅来自这

---

① 斯密（1776年），Ⅱ.ⅱ.3-5，同样区分了毛收入和净收入，尤其是农业地产的毛租金和净租金。门格尔使用的最近出处可能是罗雪尔（1864年），Ⅰ.145，p.293。
② 斯密（1776年），Ⅱ.ⅱ.4：" 净租金（是）……在不损害其财产的情况下，他可以负担得起用他的存货来立即消费，或用于购置桌子、装备，房子的装饰品和家具，满足他的私人享受和娱乐。"
③ 斯密（1776年），Ⅴ.ⅵ.18。

些资产的一部分。①

因此，我们谈论的是一个人的收入和一件特定资产的回报。

回报也可以被分为净回报和总回报。前者是扣除所有成本后的余额，后者是扣除成本之前的总回报。回报可能来自物体，比如一个牧场、一笔款项或一头家畜，例如，一头奶牛的牛奶，等等。

资本存量是任何收入的持续基础；② 由此看来，一个人的劳动力潜力被视为资本；③ 然而，在通俗意义上，资本仅表示那些可以产生一份持续收入而与所有者的劳动无关的可转移资产。

然而，资本存在不同的类型；它们可以分为三类：④

1. 房地产和住房；

2. 款项；

3. 公司。

这种资本分类可以被称为通俗的，因为它只适用于资本的狭

---

① 斯密（1776年），Ⅱ.ⅰ.2："一个人预计将给他带来收入的（他的存量）部分，被称为他的资本。"

② 斯密（1776年）已经在Ⅱ.引言4中阐明，所有"改进"都需要"存量的积累"；在Ⅱ.ⅲ.19中称，它是一种"持续基金"。

③ 斯密（1776年），Ⅰ.ⅹ.c.12："每个人靠自己的劳动而拥有的财产，因为它是所有其他财产的原始基础，所以它是最神圣和不可侵犯的。一个穷人的祖传财产是他双手的力量和灵巧。"另见斯密在Ⅰ.ⅹ.b.5-7中对人力资本的估价理论，例如："一个人耗费大量劳动和时间，获得非凡的灵巧和技能，可以媲美一台昂贵的机器。"

④ 这种划分与斯密（1776年），Ⅰ.ⅰ.13-17给出的略有不同。特别是，门格尔通常把公司而非公司的资产包含在内，因为他认为商誉是资本的一部分，参见门格尔（1976年），p.55。

义概念。从科学的角度来看，这个概念必须扩大到包含劳动潜能。①

这些类型中的每一种，都有很多与通俗意义上的资本无关的收入来源。

对许多人来说，收入由其劳动所得的工资构成；对于这些人来说，他们的劳动潜能构成了他们的资本。每种工资都属于这一类别——无论是智力工作的报酬，还是士兵的军饷，还是任何体力劳动的工资；还有救济金、年金等。

资本的概念可以从两个角度定义：②

1. 在一种科学的意义上，资本是指任何资产存量；

2. 在通俗的意义上，产生收入或回报的任何款项都被称为资本。③

---

① 正如斯密（1776 年），II. i. 17 所述，其中"第四，……所有居民或社会成员获得的和有用的能力"被列举为固定资本的一部分。

② 门格尔在这里使用劳作为他的出处；参见劳（1855 年），p. 66 ff.。王储显然没有相当准确地再现这一论点：劳进行了区分，一方面，是用于进一步生产的有用商品的总和，它从经济的角度来看构成资本；另一方面，是货币资本，从个人的角度来看就是资本，如果汇总则需要重复计算。第一个定义更为基础，而第二个定义更"宽泛"。然而，作为进一步的考虑，门格尔可能引入了来自米舍勒（1857 年），I. 269 的论证，即国家资本的概念比个体私有资本的总和更宽，因为它还包括公有资本。在这种情况下，王储将两个不同的论点简缩成了一个。

③ 与此笔记本的开头形成鲜明对比，现在流行的谬误似乎是将款项视为资本。那將与斯密完全一致，对他来说钱肯定不是"收入"（这个术语没有完全对应的德语）的一部分。参见 II. ii. 14："通过这种方式，社会的整个收入定期分配……使其自身不属于该收入。"门格尔引用的最近出处是劳（1855 年），p. 66 ff.。

第一个定义更广泛，因为它包括任何持续的收入。后一种定义较窄，因为它只包括款项。这些款项的所有者被称为资本家，① 他们大多渴望通过节省他们的部分收入来增加这种资本，因此他们对国家有用。②

如果一个国家的居民既精打细算，又勤俭持家，并且根本不触动他们的资本存量，而是保留和存储其部分收入，这个国家就是幸运而幸福的。③

如果这种行为得到普遍采用，就会形成一个繁荣昌盛的国家，内部可以有序、安定，在面对来自国外的危险时，能够表现出自信。④ 然而，经常有人这样反对：如果人们（特别是富人）可以花掉他们的所有收入，甚至是部分资本来满足他们的个人需求，工匠和贸易商将会有更多的事做，失业的工人就会越来越少。

这或许不无道理，但总的来说，不应该赞成这种态度。某些

---

① 劳的著作（原版是1826年）（1855年），第68页，已经使用了"资本主义"这个词。在1876年，这个词仍然很不寻常。它的出现似乎证明门格尔在此依赖于劳。劳在这里使用它，完全是采用了限制性意义，即一笔钱的所有者。另一个"线索"表明门格尔求助于劳的著作的，是"Vermögensstamm"这个术语，有时候是"Erwerbsstamm"（同上，第65页）。

② 罗雪尔（1864年），§201, p. 414，谈到"提高生产资本集中度"；另见§45, p. 83。请注意，这是在马克思的《资本论》出版之前写的。

③ 重复斯密的这一核心关注，可能也是引自罗雪尔（1864年），Ⅰ. ⅲ. 455。

④ 斯密（1776年）没有强调（国内）储蓄对于国际竞争力的重要性；这是奥地利学派经济学家的主要关注点。

行业，特别是涉及贩卖女帽、奢侈品，以及仅用于即时享乐的类似小生意，将受到普遍节俭的影响；① 并且，由于大多数市民都能看到这样的商店，并且一直听到商人的抱怨，因此舆论很容易认为，由于节俭和缺乏奢侈，所有贸易都注定要失败。

确实，某些商店可能不得不削减它们的活动，并解雇一些员工，但总的来说，国家的财富和受雇的劳动力数量会因为节俭而增加，因为一个把自己的资本存储起来，并意图使其增长的人，不会仅仅把它放在那里。②

他要么试图通过把资本投入使用并投资来赚钱，要么试图（例如，在农业、地产的情况下）通过建造更多建筑物（这会雇佣许多工人）或购买优质机器（这会使各个生产商获利）来增加他的资本。

比起总是花掉他的全部收入（甚至花得更多），更多的人将从他的资本中获利——他通过精打细算和勤俭节约增加了他的资本，并且他努力通过使其发挥作用而进一步增加资本。③ 此外，通过投资他的钱，精打细算的人将为其他将更好地使用这些钱的

---

① 再一次，这是有轻微变化的重复，这里呼应了斯密（1776 年），Ⅲ.ⅲ.18，对"闲散的客人和卑微的仆人，他们没有留下任何回报"的苛责。另见Ⅱ.ⅲ.28 关于"对现在享受的热情"和Ⅱ.ⅲ.38 关于"不必要的奢侈"。

② 斯密（1776 年），Ⅱ.ⅲ.18："储蓄一部分……那部分是为了利润而直接用作资本的。"

③ 带有修改的重复，对应于斯密（1776 年），Ⅱ.ⅲ.19—20，其中"挥霍者……减少了劳动的数量"和"真正的财富和收入"。

▶ 政治经济学Ⅲ.1876年1月

人提供利润，因为他们提供对公众（例如，各种建筑工人、商人和对国民经济重要的物品制造商）更有用的服务。①

节俭的好处也可以通过以下方式清楚地证明：任何把自己的钱浪费在琐事上的人，都会按其要价把钱交给商人，但是他们收到的是一个会立即或很快用完的物品，并且既不增加其所有者的资产，也不会有任何用处。

另外，节俭的人花他的钱来购买可以被使用的物品，并可以增加其所有者的财富；通过这种方式，向他出售物品的商人得到了支持，并且通过购买物品的实用性，买家可以收回他的钱的价值和更多的价值。②

因此，一般财富将得以增加，而在描述的第一个案例中，它将减少，这与错误的普遍观点相反。

此外，精打细算的人将把资金投入铁路、运河和轮船公司等公营企业。③ 这增加了他自己的收入及其国家的财富，由此自然改善了文明的水平。随着工厂的建立，许多劳动者就业；随着销

---

① 门格尔呼应了斯密关于"生产性和非生产性劳动"之间区别的学说（1776年，Ⅱ.ⅲ.的第一部分），这完全与他自己的主观价值论不一致；因为在方法论个人主义的基础上，任何劳动都是"生产性的"，被个人认为是主观上有价值的，而越是这样，边际上的消费者对其估值就越多。门格尔也不能避免对需求做出客观判断，参见门格尔（1976年），p.53。

② 再一次，将"生产性的手"和"持续基金"一次又一次地重复，门格尔显然认为这一点无法得到足够的重视。

③ 一个有趣的门格尔对斯密主义主题的国家主义变种。

售额的不断增加，总体财富增加。①

在地产上建造水坝和排水系统也是如此。除了为许多人创造就业机会之外，这种建设无疑增加了一片土地的价值和财富，而且建设是土地的价值基础。

所有旨在增加个人财富——而这与公共利益是分不开的——并积极影响整体福利的企业和活动都需要资金。它只能通过足够的精打细算和勤俭节约来获得。②

认识到这些真理，意味着达到了高水平的文明，并将使那些能够欣赏它们的人受益。

考虑到大多数人在精疲力竭地劳动，个人挥霍是一种有违公共利益的罪行和暴行。③

公共浪费，即政府漫不经心地对待其收入，并不负责任地花费它，是对社会所有成员不可饶恕的罪行，和对人类及其进步的冒犯。④

---

① 斯密（1776年），II.iii.19 的第四次重复，现在加上 II. 引言3，为了实现市场延伸的优势，资本积累是必要的，以实现市场延伸的优势。

② 在这两段中，门格尔引出了正外部效应，即区域发展的外部效应，作为积累的进一步好处，这一观点接近赫尔曼，但尚未得到斯密的重视。

③ 在长时间围绕斯密（1776年），II.iii.14-19 中的论点讲解之后，我们现在前往第20页；然而，有趣的是，这里并没有提及"不当行为"，即第26页的不当投资。因此，门格尔在这里似乎比斯密更亲近投资者；显然，并不存在"不明智的项目"。

④ 我们现在转向斯密（1776年），III.iii.30，研究的"公共浪费和不当行为"，以及第36页对各国政府的严厉谴责。整本笔记本相当简短，用了约15页广泛地讨论了斯密的所有观点，其中近7页的篇幅都在强调储蓄的重要性，以及萨伊定律背后的思想。

▶ 政治经济学Ⅲ.1876年1月

企业是一种由个人自行承担风险的经营，旨在实现资本的生产性投资。①

企业可以由单独的个人或一个团体（即公司）经营；企业的目的总是一样的，即满足所有需求（全人类的驱动力），获得最大可能的利润。

具有亏损和破产的风险是企业的一个特征。② 创始或加入一个企业，需要通过节俭而积累下来的资金。这种资本有两种：

大多数企业都参与生产或交易原材料或成品【门格尔在页边空白处补充：制造商或物品】，但除此之外，企业家必然需要其他物品用于他的业务；这些构成了他的固定资本【页边空白处：亚当·斯密】。这被定义为"资本的一部分，企业家通过不放弃它，而是在其生产过程中使用它而获得利润"。③

【页边空白处：固定资本是用于生产，但不会在单一过程中耗尽的，或用于贸易，但未被出售的那部分资本。流动资

---

① 门格尔追随了罗雪尔，而罗雪尔浓缩了劳分析的内容。参见劳（1855年），p.158 f.；罗雪尔（1864年），§195，p.400。

② 在（1776年）Ⅰ.ⅵ.5中，斯密曾评论说"为了利润，必须牺牲点什么，工作的承担者在这次冒险中危及了他的存量"，但后来几乎没考虑风险［与坎蒂隆（1755年），Ⅰ.ⅷ.，相反］。门格尔可能跟随劳、赫尔曼或罗雪尔（见注释27）。罗雪尔（1864年，尤其是§195）详细讨论了企业的变迁和企业家的风险。

③ 固定资本和流动资本的划分最初由斯密（1776年），Ⅱ.ⅰ.4-5引入。如果有人可以根据鲁道夫在空白处的题词来判断——他在定义的旁边（用墨水和下划线）写下了"亚当·斯密"的名字——门格尔显然指出了这一点。讲稿非常接近Ⅱ.ⅰ.5（"在不改变主人的情况下产生收入或利润的事物"）。然而，实际的话并不是来自斯密。

本是用尽于一个单一的生产过程，或在贸易中被出售的那部分资本。】

流动资本是体现于其产品中的那部分资本，当企业家直接或间接地出售它时，它会为企业家带来利润（即与其价值成比例）。

固定资本的例子是"工厂的机器、商人的商店、工厂本身、铁路公司的机车，等等"。①

流动资本的例子是"工厂生产的布料、谷物商人的粮食、零售商销售的商品、煤炭商人的煤炭、建筑公司的房屋等"。机器对于在生产中使用它的工厂所有者来说是固定资本，对机械生产者来说就是流动资本，同样的，火车头对铁路公司来说是固定资本的一部分，但对生产火车头和车厢的工厂来说是流动资本。②

价值③这个概念，永远与所有企业和人的多种状况相关联，尽管它经常出现并被频繁使用，但很难一劳永逸地定义它。

最常见的定义如下：价值是一件财货所获得的对一个人的重

---

① 然而，列举是本着斯密的精神，他提供了更详细的例子。

② 再次，只是本着斯密的精神。根据企业的类型，机器可以是固定资本或流动资本是斯密（1776 年），Ⅱ.ⅰ.10 的现代化和改编，其中关于牛、养牛者，以及奶农的重要性，讨论了同样的想法。

③ 有趣的是，门格尔在这里讨论了价值——在笔记本Ⅰ开篇讨论财货主题很久之后，并且在劳动分工和储蓄（典型的经典问题）之后。这符合他的《原理》中的顺序。在那里，价值仅在第三章中处理。

要性，因为它可以满足他的需求。例如，水只有效用，但还没有价值。【门格尔在页边空白处补充：孔狄亚克】①

或者，价值是一件特定财货所获得的对我们的重要性，因为我们认识到，如果我们对财货失去控制，就不能满足或不能完全满足我们的需求。

或者，价值是特定财货所获得的重要性，如果没有它们，某些需求将得不到完全满足。②

因此，在一般意义上，我们已经定义了价值的实际概念，但它可能具有非常不同的含义；其衡量标准是完全相对的，取决于所有民族的个人品位、性格和风俗的各种影响。③

对次要细节的意见总是不同的，因为正如刚才所说，个体标准和要求会受到强烈影响；因此我们可以说，每个人都根据自己

---

① 仅此一次，门格尔给出了一个完全主观的定义；但在此他只跟随劳，尤其是罗雪尔。罗雪尔（1864年），§4，p.6说："一种财货的经济价值在于精打细算的人赋予与其相关的目的的重要性。"罗雪尔也明确跟随舍夫勒（门格尔的前任和最近的帝国部长）。门格尔还发现，有必要再引用一位18世纪的权威，即埃蒂耶那·博诺·德·孔狄亚克。埃蒂耶纳·博诺·德·孔狄亚克的理论是罗雪尔关于效用和交换的主观概念的证据。见罗雪尔（1864年），§60，p.108和§107，p.201。罗雪尔对孔狄亚克的提及被客观（即劳动）价值论守护者卡尔·马克思注意到，他把它放在重要的位置并进行了猛烈的攻击。参见《资本论》（1987年），Vol. I，p.157。门格尔自己在《原理》第117页后详细讨论了水的例子。

② 门格尔（1976年），第115页："价值因此是单个或多个财货对我们的重要性，因为我们意识到满足我们的需求取决于对它们的支配。"该定义之前的段落提出了其他定义。门格尔在脚注中引用了孔狄亚克，紧跟原文中的这段话（英译本中的第296页）。

③ 在米舍勒（1857年），第212页后被广泛讨论。

的个人偏好设定自己的价值标准；但为了使沟通成为可能，贸易物品必须根据文明民族的长期经验和需求，来确定或多或少的明确价值。

一个人的所有利益和努力都是朝着一个目的，即以最佳方式满足需要。[①] 因此，所有适合此目的的财货对他都有用，但并非所有商品对他都有价值；因此，并非所有可能被使用且有用的东西都是有价值的，因为价值是一件有用的物品因一个人被剥夺它，而产生迫在眉睫的危险而获得的重要性。

有几种特定财货，在几乎所有可以想象的情况下，对所有人都有价值，因为它们主要用于满足最重要的需求，但我们也发现有些财货根本不能满足这种要求，或者顶多是在一定情况下满足，因此并不总是有价值的。然而，这个概念受制于许多影响。

即使一件事物对每个人都有价值，衡量标准也会有很大差异。

在这里，我们讨论了由于人们所处情况的多样性，及其产生的不同观点所导致的衡量价值的差异；然而，也存在自然关系，

[①] 这是门格尔的前任舍夫勒（1867 年），p.22，对经济科学主题的定义，他指的是以最少的牺牲最充分地满足需求。

▶ 政治经济学Ⅲ．1876年1月

这种关系源于物品的本质①，并导致了对它的多样化估值；物品的稀缺性和需要被满足的紧迫性也能显著增加它的价值。②

---

① 如果这种表达是正确的，那么门格尔在这里与所有主观价值论（包括他自己的诠释）相矛盾。绝对"稀有"的概念意味着客观价值的概念。在《原理》中，门格尔自己说（第120页）："财货的价值源于它们与我们需求的关系，并不是财货本身所固有的……因此，价值不是财货所固有的，不是它们的属性……"至少自胡费兰（Hufeland，1807年）以来，德国经济学家一直强调这一点。

对于作为价值决定属性的客观稀有性，请参见斯密，尤其是李嘉图和约翰·斯图亚特·穆勒。

② 对于需求的重要性（或者说紧迫性）的广泛研究（一种客观—主观价值论，因为它具有普遍的有效性），参见门格尔的老师米舍勒（1857年），第208页后。

政治经济学Ⅳ.1876年1月

这在一般情况下可能是正确的,但在特殊情况下,一件物品可能对某个特定情况下的某个地方的人有很大的价值,但在日常生活的普通情况下,对他来说却毫无价值。例如,在一个富含泉水的地区或一个城镇里,一杯水根本没有价值,因为即使它洒掉了,损失也可以当场弥补。然而,在沙漠中,相同数量的水将是最有价值的财货,一个人会交出任何东西来获取和保存它,因为它可以使人避免死亡。①

---

① 在最后一本笔记本的末尾更加"现代"的处理之后,门格尔回归了古典传统的研究。在斯密(1776年),Ⅰ.iv.13 中给出了水—钻石的对比(皇储将进一步讨论"钻石和其他珠宝")。然而,到斯密的时代,它已经相当古老了;参见 R. H. Campbell and A. S. Skinner, eds., The Glasgow Edition of the Work of Adam Smith, Vol.Ⅰ, General Introduction, p. 45 f. 对这一主题的讨论。塞缪尔·普芬多夫(Samuel Pufendorf)引入了这个话题,而门格尔显然并不直接知道他。然后格劳秀斯、约翰·劳[门格尔引用了相关主题,参见《原理》(1976年),第307页],曼德维尔、坎蒂隆和哈奇森(门格尔在同一个地方引用)占据了话题。亚当·斯密曾讨论过,对一位在阿拉伯沙漠中迷路的富商来说水的价值,但是在《法理学讲义》中,门格尔可能并不知道(参见坎贝尔和斯金纳,同前文献,第45页)。

门格尔可能是遵循了二手资料。一个可能的出处是劳(1855年),第167页的脚注 e),它描述了撒哈拉沙漠中一位富有的旅行者的故事,他以极高的代价向他贫穷的伙伴购买了存水的一半——结果是他们两人都死了。

▶ 政治经济学Ⅳ. 1876 年 1 月

　　这是同一财货具有不同价值的一个例子，但不同财货具有不同的价值也是如此；我们经常在价值差异范围令我们惊讶的对象上遇到这种情况。

　　原因在于，对于一些物品，价值取决于它们的稀缺性；对于另一些物品，取决于被满足需求的重要性；而对于另一些物品，取决于可用物品的数量。①

　　毫无疑问，对人来说，铁是一种比黄金更重要的金属，因为在生活中处处都会需要它，然而后者却有价值得多。② 我们必须通过黄金的稀缺性和获取黄金的困难性更大来解释这一点；因此，黄金的价值增加了，只有相对较少的人才能拥有黄金。

　　如上所述，一种物品的可用数量极大地影响了它的价值。一种物品越多，越容易获得，其价值就越小，因为拥有它的人就越常见。最好的例子是粮食；丰收之后，其价值下降，歉收之后，价值上升。③

　　对人的生存至关重要的物品，会因为丰富而失去其价值；另一方面，一些非常不重要的物品，或许只能满足少数人对华丽服饰的热爱，如果它们很稀少，例如钻石和其他珠宝，也是非常有

---

　　①　这再一次是门格尔发言的混乱版本，第三个例子与第一个例子是相同的，而整体与主观价值论相冲突？
　　②　铁和黄金的比较可能源于斯密（1776 年），Ⅰ. ⅺ. c. 31。
　　③　罗雪尔（1864 年），§103（关于使用价值的第二段），全面讨论了不同收成对玉米价格的影响。

价值的。①

通常，我们将一般而言的价值定义为指定财货的重要性，因为如果没有它们，某些需求就不会完全得到满足。现在，价值可能有两种：

a. 使用价值；

b. 交换价值。②

使用价值是财货对其所有者立即有用而产生的价值，③ 例如，衣服之于想要穿衣的人，眼镜之于近视的人，天文仪器之于天文学家。（不是之于制造它们的光学仪器商，也不是之于销售它们的商人。）④

交换价值，是财货如果可以用于交换其他东西而产生的价值，例如，裁缝的衣服（如果打算出售它们的话），视力正常的商人的眼镜，制造或销售天文仪器的人的天文仪器，等等。

同一财货可能既有使用价值，又有交换价值，但其中一种会占主导地位。只要使用价值占主导地位，一件财货就会被保留；

---

① 罗雪尔（§103）的这一段主要涉及奢侈品消费。

② 参见斯密（1776年），Ⅰ.ⅳ.13，根据门格尔，这是一个"名段"［参见门格尔（1976年），第306页］。

③ 门格尔自己的定义（1976年，第228页）——除了这一事实之外：鲁道夫避免了使用拉丁语"直接"和"间接"，用了德语词根取而代之。

④ 在这里和下一段中，门格尔使用了他自己的例子；参见（1951年），第229页。

▶ 政治经济学Ⅳ. 1876 年 1 月

当交换价值开始占主导地位时，它就会被出售。①

论小企业的生存能力②

越来越多的工厂、大规模的生产，特别是劳动力分工等因素持续地威胁着小商人。③ 这是不幸的，因为小企业家阶层具有可靠和意志坚定的特征④，并有悠久的历史，⑤ 这可以追溯到很早的时候，当时没有其他工业生产方式，是小商人逐一创办了每个工厂和企业。⑥

小商人与工厂工人的不同之处主要在于，他是自由的，是他

---

① 门格尔非常珍视这个对交换的解释；他在《原理》中花了近 5 页的篇幅对此进行了讨论（1976 年，第 231—235 页）。据我所知，这个概念是他原创的。
② 门格尔在讨论了价值（然而，这个话题已被引入以便更好地阐明商业企业的问题）之后，现在跳到小手工艺人公司的无关话题，这似乎有点奇怪。然而，这实际上并不奇怪，鉴于他试图轻松地紧跟斯密（1776 年）。在Ⅰ.ⅲ.，斯密讨论了"劳动分工受到市场范围的限制"。他详细解释说"有一些行业……除了在一个大城镇里，不能在任何地方进行"（Ⅰ.ⅲ.2），并继续讨论适合每个市场的公司规模。门格尔把区域差异——稍后会在同一堂课里讲到——"现代化"为他那个时代社会尤为关注的长期发展趋势：小型手工业公司的衰落。对此，他的拓展基于劳（1855 年），p. 525 ff. 的论述。事实上，一个接一个的论点可以追溯到这个出处。
③ 劳（1855 年），第 525 页，将小手工艺人公司的劣势视为劳动分工和大企业崛起（暗示大规模生产）的结果，就像这里一样。
④ 劳，同上，第 520 页。
⑤ 劳，同上，第 520 页，有了略有不同的观点，即"旧的"手工业生意据说既可靠又有利可图。
⑥ 劳，同上，第 520 页，再次略有不同：由于小手工艺人创办企业变得如此容易，竞争加剧是这一群体收入下降的另一个原因。

自己的主人①，并且可以把由他汗水凝结而成的产品称为他的作品和财产；而且，由于他拥有一家企业，即使规模很小，②他也会热爱社会秩序与和平；因此，相比焦躁不安③、流动性强的工厂工人，小商人更合国家和政府的心意。

出于这个原因，大多数政府都试图让小企业保持活力，并尽可能长时间地保护它们免受当今时代的要求，这种要求不再容忍任何方式的迟缓和琐碎。

但是，尽管做了所有这些努力，似乎现在小企业的日子也已经结束，它们将很难与工厂的出色表现竞争。

随着文明的不断进步，需求及其多样性也大大增加。④

在每个领域，人们都需要大量的产品，它们必须以最快的速度和精度生产出来；这些要求只能通过机械和劳动分工来满足，而这两者又都以大型企业为先决条件。

机器运转精准，产出的所有物件都完全相同，并且，通过高速生产，它们也变得更便宜。⑤

小商人用自己的双手或者最原始的机器来制造相同的产品，

---

① 正好是劳的下一个论点，同上，第520页。
② 劳强调，同上，第519页，作为经济形势好转的原因。
③ 劳同样对工厂工人的过度流动和道德堕落感到遗憾，同上，第520页后。
④ 门格尔的一个典型想法，并且在劳那里没有先例，劳只考虑供应方因素；参见门格尔（1976年），p. 73。
⑤ 劳（1855年），第528页。机器生产的物品也更好，是劳的典型想法（同上，第146页）。

▶ 政治经济学Ⅳ. 1876年1月

但由于其工作的特点，它们并非都是相似的，而且产出很慢；在一段时间内，小商人只生产并提供少量待售物品，并且，为了谋生，他的卖价要贵得多。

大型制造商可以雇佣大量的工人，并且，通过最大限度地分工，他培养出注重细节的大师，他们日复一日地以最快的速度和精度完成各自的简单任务；因此，整个工厂的生产速度很快，并且销售很多产品，以便可以以低价获得单个物品。这个系统的优点不容忽视。产品的快速生产、高质量和同质性，特别是低廉的价格是重要的考虑因素。①

另一方面，小商人只能给几名熟练人员付工资，他为这些人分配生产任务。工作当然是缓慢而不规则的，因为单个工人不是执行一个不变的小步骤，而是负担多种多样的操作。这种生产过程的烦琐导致销量很少，因此，小商人必须为他的产品索要更高的价格。②

缓慢而不规则的生产和高成本是巨大的缺点。制造商定期批发大量生产原料来保持工厂的运作，而且，由于企业的规模大，他有足够的资本购买大量原材料，他们立即加工，并以新的形式、可观的利润售出。通过这样的大规模经营，与单独或少量地

---

① 只是在劳那里找不到这个反复提出的工厂生产速度更高的想法。当然，劳提到了对消费者来说的价格下降（同上，第528页）。

② 重复斯密（1776年）关于劳动分工的影响的论点（Ⅰ.ⅰ）。

购买原材料相比,他还可以更便宜地获取原材料。①

然而,如上所述,小规模生产者生产缓慢而不规则,因此成本更高,销售量只有很小的一部分;因此,他资本很少,被迫单件或者少量地购买原材料,这比大量购买它们要贵得多,但是在任何时刻他都无力这样做。

总的来说,可以把小企业视为一种过时的组织和社会阶层,②由于其历史起源,其作为一个光荣而意志坚定的阶级长期存在,其在黑暗时代促进手工艺和贸易发展的功绩,人类对其应该有一定的认可。然而,小商人缓慢而无利可图的活动不能满足我们这个世纪——以宏伟和庞大为标志——的要求。③ 在需要和使用大量产品的时候,在只有大规模企业、大量的工人和机器才能真正满足需求的时候,不断增加的大型工厂就会对小企业造成致命一击。

特别是在大城市,商人越来越难以为继;在小城镇里,小企业还能占据一席之地,由于市场小,在这里追求快速生产的劳动分工和大机器因为销售不足而不占优势,多种手工艺品商人和贸

---

① 本段和下一段差不多逐字逐句地遵循了劳(1855年),第526页。劳强调批量购买和时机的优势。斯密没有注意到这两个方面。

② 劳使用了相反的论点,即整体而言工厂是好的,但不应该刺激它们的增长;参见劳(1855年),p. 526。

③ 门格尔,甚至王储本人的夸张?在更稳重的劳那里找不到这样的表述。

易商往往集合在一个企业中。①

但是,正如断言小企业能生存下来是错误的一样,完全不支持它,并将其视为全然的过时之物也是冒昧和尤为不公的。整个阶级或职业注定沉沦的时候,总是令人悲伤,特别是它已经勤勉而幸福地存在了许多年,我们应该尽可能地维持它的存在,特别是如果它对国家有利的话。

因此,国家要努力引导小企业联合起来,通过齐心协力,②承担起大型企业的角色;这样一来,小企业会丧失一些原有的特质,但由于这些特质无论如何都不能保留下来,所以这些努力的目的只能是拯救现有的商人——大多数是正直的、值得帮助的人——免于破产;他们的后代将自己屈服于时代的压力,并合并成大公司。毫无疑问,政府关于维护这个群体应该只是为了一段时间的过渡。

通过适当措施,③小商人应该变得像大型企业一样,才能具有竞争力。

这样做的一种方法,是同一个城镇的几个商人合伙,以期通

---

① 斯密(1776年),I.iii.2:"农村工人几乎到处都是一个人兼营几种……密切相关的行业。农村木匠要制造一切木制的物品;农村铁匠要制作一切铁制的物品。"另见斯密(1776年),I.x.b.35 – 37。

② 在这里和下面,门格尔明显支持合作性企业,这是一个在劳那里找不到的想法。在他那个时代的奥地利和德国,手工业公司的合作性企业运动风头正劲。

③ 劳(1855年),第526页,谈到手工艺人需要自我学习来达到实业家的水平(根据他的说法,实业家们是"受过科学教育的",第525页)。

过联合工作和联合资本来增加活动规模；通过联合经营，他们的企业可以更容易地达到单个商人无法实现的规模。

独立的小商人很少会——几乎从来不——购置机器来完成工作，并且，即使他能够省下足够的钱，也只能购买相当原始的机器，只需要很少的照料和燃料；因为对小商人来说，燃料是最昂贵的物品。因此，一些这样的商人应该联合起来，通过联合经营来统一他们的命运，一起抵挡时代的变迁，这是他们无法独自承受的。他们必须共同购置机器，平等而和平地分割他们努力的成果；他们必须真真正正地成为一个公司，通过合同链接在一起，而一致性会成为目前不利情况下使这样一家公司生存下去的主要先决条件。

对于只雇佣一两个工匠的单个商人来说，分工也是几乎不可能的，或者只能保持在初级阶段。因此，这成了生存的主要威胁，分工必须尽可能地通过联合来实现；店主要把他们的熟练工带入合资企业，区分他们自己和他们的熟练工之间的不同操作和职责，使生产更加快速。

我们还提到，昂贵的原材料采购是小企业的主要劣势之一。如果这些商人合并为一家公司，用联合账户批量采购他们的初级产品，至少可以部分地补救这种情况。主要的效果会是低廉的价格、更大的业务增长和更快的周转。①

以这种方式，可以尝试维持小企业，但是必须始终记住，小企业的生存问题只是一个时间问题，一个迟早要考虑的事实。

在这里，我们不是在说新的大型企业的机会；这个问题是关于维护和支持一个古老的、相当破旧的残存——它迟早会不可避免地崩溃。

1876 年 1 月 20 日
鲁道夫

---

① 合作性企业事实上应该是什么这一建议——毕竟是集体实现劳动分工的一些优势的例子——是门格尔对这一讲稿的原创贡献。

政治经济学 V.1876 年 2 月

关于货币和硬币的起源[①]

有史以来,也就是从最广义的文明开始,人类就使用物品来满足自身的需要;然而,个体要求不同,并且,从个体对象的不同偏好中,衍生出了我们称为价值的度量的概念。人与物品的不同关系导致出现了一个过程,在这个过程中,一个人为了一个更能满足他需求的物品,而放弃一个对他不那么重要的物品,这就

[①] 在接下来的研究主题中,门格尔再一次跟随了斯密。如果刚刚讨论过的小型企业的问题是斯密(1776 年),Ⅰ.ⅲ.,"市场范围的局限性"的研究,我们现在就来到了Ⅰ.ⅳ.,"货币的起源与使用"。

至于德语出处,门格尔可能使用的是罗雪尔(1864 年),Ⅱ.3 的"Money in General"(§§pp. 216 - 248)和劳(1855 年),Ⅲ.ⅳ.2 的"Money",pp. 315 - 346。

▶ 政治经济学 V．1876 年 2 月

是我们所说的交换。①

这是所有贸易活动最早、最原始的起源。

当然，在最古老的历史时期，这种交换非常困难和随意，因为它基于对物品的个体估值，自然由兴致和偏好主导。

随着人类达到了一个更高的文明阶段，在特洛伊战争时期和希腊历史初期，出现了对用于交易的固定价值标准的需求。

当简单交换因为随意性被摒弃，人们不得不引入第一个标准化的交换物时，人类发展就出现了进步;② 个人需求的增长和随之而来的贸易扩张带来了这一点。

动物是第一个标准化的交换物。它们是在早期罗马从希腊③

---

① 斯密（1776 年），Ⅰ．ⅳ.1：" 一个人自己的劳动产物，便只能满足自己欲望的极小部分……于是，每个人都要依赖交换而生活。"

另一方面，门格尔比斯密更主观地看待人的差异。在斯密看来，交换的基本原因是人是专业化的生产者，而在门格尔看来，原因是人们的偏好不同。在此，门格尔遵循罗雪尔（1864 年），§116，p.216，以及劳（1855 年），pp.257 – 315。

在门格尔自己的《原理》中，货币主题也在交换主题之后，但不是立即出现，中间还讨论了价格理论和商品的"适销性"主题，王储在讲稿中还尚未涉及这些主题。

② 斯密（1776 年），Ⅰ．ⅳ.2：" 有思虑的人……自然必须尽量……随时携带……一定数量的某种物品，在他想来，很少有人会在交易中拒绝这种物品。" 门格尔在《原理》中详细阐述了这一观点，他认为货币是最具适销性的商品［参见（1976 年），第 259 页后，以及对这种选择背后的社会共识的后续讨论］。同样，罗雪尔（1864 年），§116，p.216，谈到"最能流通的商品"，而劳（1855 年），p.317，特别强调了社会共识的必要性。

③ 斯密（1776 年），Ⅰ．ⅳ.3（" 牛"）；罗雪尔（1864 年），§118，第 224 页，但是，他认为使用皮和毛皮作为货币更为悠久；在历史倾向较少的劳的教科书中没有提到这一点。门格尔已经在《原理》（1976 年），第 263 页后详细讨论过这一点。他显然已经完成了关于这个主题的原始历史和语言研究。

引入的，是当时已有习俗和收入来源的自然结果。在历史初期，农业和畜牧业，尤其是后者①，是所有民族的主要职业；农业只是在前途光明的更文明的民族中进化，而畜牧业为所有游牧部落提供了唯一的生存手段。

因此，动物必然成为主要的交换物，因为它们相对容易移动，可以很容易地易手；此外，家畜可以通过大小和价值来区分，这极大地促进了交换。

虽然这种交换物是模糊和烦琐的，但它是一种最早的进步，当时任何物品都被用于交换和易货交易；标准化交换物的概念，以及由此而来的评估标准，意味着人类发展的进步。

随着古代人民文明的进步，这种交换的烦琐②变得越来越明显，特别是生活在沿海的部落的人群，比如许多亚洲人和希腊人，他们发现很难通过跨海动物交易来购买远方国家的产品；但通过迅速扩张和繁荣的贸易，这些民族尤为迅速地获得了文明和精致的生活。

因此，人们很早就把通过协议确立的价值赋予某些自然产品，并将其用于促进贸易和采购。

---

① 罗雪尔（1864 年），§118，p. 224——在讨论牛作为货币时指出，它自然是"游牧民和原始农业主义者"的货币；类似的是门格尔，同上。

② 在门格尔的著作中可以找到的观点，作为一般原则陈述，且不仅仅适用于古代。参见《原理》（1976 年，第 265 页的"不适"）。

如上所述，放弃用动物来作为标准交换物的原因有很多。当必须把它们从一个地方运到另一个地方时，它们的劣势变得尤为明显；① 此外，并非所有人都能够饲养动物：它们饲料昂贵，死亡或疾病可能会破坏它们的价值，甚至是一个人的全部财富；此外，不同动物的价值非常不确定，因此把它们用于交易为各种欺诈提供了大量的可乘之机。

这些制度适合狩猎部落和处于最原始阶段的农业人口；即使在今天，这种贸易对世界上最偏远地区的原始部落来说，也是非常有益的，但是，远在数千年前的民族注定要成为文化的创始人和后来的火炬手，以及我们现在的文化教养（即整个文明）的前身，他们很快就不得不放弃那些最初的制度，并发明更加适宜的交换物，以便在各国之间实现繁荣的贸易和大量的产品交换，因为这些活动建立了人民之间的交流，并建立了他们的财富，这反过来又是进一步发展和完善的基础。

在我们讨论货币最早的发明之前，必须先谈一谈原始民族之间的交换物。在世界其他地区，一些民族，甚至整个种族，仍停留在我们祖先在历史时期之前或之初的发展阶段。

其中一些部落完全靠狩猎战利品或抢劫邻近社区存活。他们

---

① 奇怪的是，金属运输相对便宜的明显观点仅见于罗雪尔（1864年），§120，p. 229 ff.，他对运输成本进行了广泛的统计计算。然后门格尔（1976年，第266页）简要提到了它。

处于最低阶段，因为他们只能靠掠夺的战利品生存，就像野生动物一样；这些人根本不熟悉物物交换，或者顶多是随着杀戮游戏进行物物交换；但即使在未开化的民族中，也有人达到了比这更高的水平。民族文明程度的最佳衡量标准可能是其收入来源：当颇为原始的以狩猎为生的传统结束，当农业、商业、原材料的物物交换和——在文明的更高阶段——部分成品的物物交换开始，一个更高的发展阶段就可以辨识了。

这是其他大陆大多数人的情况。他们用自己国家的天然产品，① 例如皮毛、宝石、珊瑚，甚至动物来交换许多其他东西，如小装饰品、枪支、欧洲服装、白兰地等；这种交换仍然是非常原始的，因为它没有任何确立的交换标准，只是简单的一时兴起，而没有任何明确的估值和价值比较。

我们发现，在一个稍高级的原始阶段，人们会使用一些标准交换物来促进他们的物物交换，也就是说——某种货币。这可能被视为向前迈出的一大步，因为它标志着开始接受欧洲方式。

通常人们会选择非常简单的自然产品作为货币，例如贝壳。这意味着更高的智力发展，以及构思和实现一个真实想法的能力。

---

① 下面的内容对应于门格尔（1976 年），第 269—271 页中的冗长列举，其部分内容仅仅是从罗雪尔（1864 年），§119，注释 12，p. 228 f. 的大量脚注复制而来。

一些非洲部落为自己发明了这种货币,用他们称为"货贝"①的宝螺科小贝壳支付,这种贝壳在他们的海岸上大量存在。它们的大小决定了它们的价值,贝壳大小的差异造就了不同种类的货币。

这就是其他大陆的未开化民族的情况;他们或多或少处于我们的祖先在最早的历史时期就达到的原始阶段,唯一的区别是后者的文化进步很快,而前者的进步非常缓慢;文明种族的文化会不停歇地向前推动,他们将无法等待难以察觉的变化和这种进程的结果,而通过在全世界传播自己的代表,他们无疑会破坏那些虽有意抵抗但软弱无力的民族。②

然而,在这个短暂的题外话之后,让我们回到我们祖先所从事的交换,并探究其发展。

我们对希腊人和罗马人的这种发展最为熟悉,因为我们对他们生活的历史事实的了解远多于对其他任何人的了解。用动物来进行原始物物交换的时期并不长;我们不久就发现了货币的最早案例,最初的形状是长金属棒,它们根据各种标准被切割成单件,然后用于交易。③

---

① 在门格尔那里找不到,但在罗雪尔(1864年),§119,注释12开头,p.228中详细讨论了拉丁文名称"Cypraea moneta"(这个通常不被引用)。
② 或许是王储的修辞?
③ 斯密(1776年),Ⅰ.ⅳ.4;罗雪尔(1864年),§120,p.230。

虽然烦琐，但这一程序的发明和实践是人类发展的一大进步。在此，人类——全部民族——第一次一致决定接受一种特定物品作为交换物和价值标准，以促进物物交换，并给予那些没有任何自然禀赋（比如土地）的个人积累财富的机会。①

当然，这种创新起初并不完美，并且为各种不准确留下了空间；这个程序也很烦琐，特别是运输相当重的金属棒；切断各块金属也很麻烦，因为必须随身携带合适的工具；当然，在这个过程中很容易发生独断和侵占，② 这导致了人们放弃了这种类型的货币，并发明了第一枚硬币。我们可以再次把硬币视为一种进步，尽管它并不像第一步那样意义重大，这一步带来了一个全新的系统，而硬币仅仅是改善了一个已有的系统。

随着贸易的扩大，金属棒的笨重变得越来越扎眼，因此古人（例如约公元前5世纪的罗马人）决定让它们的形状变得更适宜、更小，这样人们可以很方便地随身携带它们。

此外，这种货币可以被制成不同的尺寸，而尺寸可以确定价值。由此，第一枚硬币诞生了。硬币是大体量贸易和独立于土地财产的财富积累的先决条件，它们是所有物质价值的标准计量单位。当硬币首次投入使用时，它们的铸造形状非常简陋；后来，

---

① 重复以前已经说过的想法。
② 斯密（1776年），Ⅰ.ⅳ.7，讨论了不便之处，特别是称重和测定；Ⅰ.ⅳ.6 提到"粗制条棒"；在罗雪尔（1864年），§120，p.230 中简要讨论过。

硬币上印上了它们的价值和其他标记；在罗马帝国和由个人统治者统治的其他古代民族中，硬币上印着君主的形象。

在最早的时候，当金属被首次铸成硬币的时候，硬币被做成了方形；只是到了后来，它们的形状又变成了圆形；很长时间里，只有铜①被用于铸币；随着文明的进步，② 贵金属（黄金和白银）也被制成硬币，当然，它们的价值远高于那些用铜做的硬币。除此之外，硬币没有进一步改变；它们得到了精制并被制作得更加美观，但它们仍然构成了被普遍接受的交换方式，就像古时一样。

一般来说，生产货币需要非常、非常谨慎和精确；在形状、重量、金属含量和价值方面，一枚硬币必须与任何其他硬币完全一样，因为不准确的造币会造成很大的问题，因为国家的成员相信货币具有正确的价值。如果硬币中的贵金属太多，它们就会被熔化；③ 如果太少，个体公民将遭受损失，政府就欺骗了他。政府也应该非常严厉地惩罚伪造行为，除了其严重的不道德和犯罪性质外，它还会对个人和整个社会造成真正的损害。

---

① 斯密（1776年），I. iv. 5-6，尤其是 I. v. 24，详细评论了罗马人对铜的使用，引用了普林尼（Pliny）两次。罗雪尔（1864年），§119, p. 226 不是这个意见，他认为在某些情况下，金银在铜之前就被使用过。

② 人们普遍认为，金币和银币是更高文明的标志：斯密（1776年），I. iv. 11；罗雪尔（1864年），§120, p. 229。

③ 劳明确地讨论了硬币价值与贵金属国际价格的接近程度，否则它们会被熔化；参见劳（1855年），p. 328。

但最重要的是，我们必须将国家统治者的诚实视为铸币的主要和必要先决条件。① 当统治者用伪币欺骗自己的臣民，而不是作为一种象征和法律与秩序的保护者，当着全世界的眼睛表现出无可挑剔时，道德和普遍正义将不再可能。

除了动摇所有关于是非的道德观念，这种行为还在国内外破坏了人民对政府的信心，从而阻碍贸易并导致贫困。

采用这种方法的君主动摇了自己的地位，沦为了普通的骗子。

目前，这种严重的罪行不再发生，但所谓的诚实的中世纪和现代的初期，都提供了足够多的相关例子。

维也纳，1876年2月9日
鲁道夫

---

① 在斯密、劳和罗雪尔那里都找不到道德课；它们是门格尔给王储的教学所特有的。

政治经济学Ⅵ.1876年2月

论经济中政府干预的好处与限制（Ⅰ）

像国家一样，个人的首要目的是满足需求；随着基本需求的满足，需求的数量增加，不断增长的需求标志着文明的普遍进步。① 国家与其个体成员探求相同的来源，以获得满足需求和获得财富的手段，这是向外展示力量的主要先决条件。

我指的是公民的勤勉和节约；② 节俭、劳动和体面地谋生是真正的公民美德，为物质和非物质文化的重大发展提供了可靠的基础。

---

① 门格尔在其《原理》，Ⅰ.§5，"人类福利进步的原因"中提出的观点略有不同："人类朝这个方向发展得越远，财货的种类就变得越多。"（第73页）这是一个发现可行的生产和消费技术的问题，而不是扩大需求的问题。

② 斯密（1776年），Ⅳ.ⅱ.9："每个社会的年收入，总是与其产业的全部年产物的交换价值恰好相等，或者说，和那种交换价值恰好是同一样东西。"劳（1854年），第4页，详述了这一点。

由于国家只是其公民的总和，并且从整体上看，就像一个人，如果没有个体部分的花朵绽放，整体就不会茂盛，而如果不造福整体，个体部分也不会繁荣。

这必须被认定为一个前提，这样任何人都不应该认为国家及其公民是不同的实体，只是共同生活，而是一个有机体，① 由许多原子组成。

【门格尔在页边空白处写道：Ⅰ. 每个人都对其精打细算的成果非常感兴趣。②】

在内心深处，人们有迫切地去建立一个安全、和平的家庭的愿望。③ 但即使是那些不想追求这种最自然的路线的少数人，也并不缺乏去获得愉快生活欲望，并采取必要的手段。无论如何，满足需求都是人的一个主要目标，他的大部分活动和努力都是为了这个目标。

当然，需求有很多不同的种类；但是，在满足较小的需求后，它们的数量和大小会增加，以致最富有的人最终也无法满足这些需求。④

---

① 罗雪尔（1864年），§§12-15, pp. 21-27，把经济称为一个有机体，并讨论了它在多大程度上"不仅仅是许多私人经济单位的共存"。
② 劳（1854年），第4页："所有人都渴望保持和增加财富并将其用于（个人用品）消费是经济中的主要推动力……随之而来的是：全神贯注的勤勉，思考，寻找最佳赚钱机会，以及对必要知识和技能的渴望。"同样的想法也可以在斯密那里找到。
③ 家庭是对男性经济的激励可以在米舍勒（1857），Ⅰ, p. 177 那里找到。
④ 米舍勒，同前文献，p. 181，对需求的无限发展的评论。

▶ 政治经济学Ⅵ. 1876 年 2 月

然而，鲁莽是这些努力的强劲对手，并导致人们渴望消耗劳动成果，来获得片刻欢愉；这是一种疾病，它会降临到个人、整个社会阶层，有时甚至是整个国家身上。①

与这种病态相反的，是真正健康的公民经济，包括利用劳动成果来满足最紧迫的需求，同时把不太重要的需求排在后面，这样做是为了用最少的资源来满足尽可能多的需求，并且可以留出一部分收入，来作为进一步增加收入的基础。②

因此，经济努力与真正公民的整个生活息息相关，它们是公民最重要的关注点，也是所有活动的起点。③ 如果一个人成功，他将履行作为一个好公民的职责，安居于他妥善建立的家庭，然后才开始以他的资产来为公共利益而努力。

但是，由于各部分的力量增强，国家也作为其总和而变得强大；要实现其主要目的——只有通过财富才能充分实现——必须关注并保护其公民为经济发展付出的努力和福利，作为其自身财

---

① 参见罗雪尔（1864 年），§222，p. 455："有不节俭的个人和节俭的个人；民族也是如此。"

② 这个优化过程是门格尔在《原理》第 121 页后提出的主要观点之一。然而，他的老师米舍勒已经预料到了这一点，这里也明确地提到了他。参见米舍勒（1857 年），Ⅰ，关于需求层次，第 208 页，尤其是在第 231 页后，交换和生产上"戈森第二定律"的雏形。这在施特莱斯勒（1990a），p. 45 中有详细讨论。

③ 最后 4 段（总体来自斯密）大多重复上面已经说过的内容；参见第 29 页和第 37 页。

富的源泉。①【门格尔在页边空白处补充：国家也对个人的经济表现非常感兴趣，因为它自身的财富植根于个人的财富。】

一个国家，如果其成员通过节俭和勤勉，达到了一种分配相当平均的繁荣状态，② 在处理可以通过运用所有人的资源来解决的问题时，将能够发挥出更大的力量。

当然，作为国家的代表，作为其活动的负责人，政府必须以经济的方式运用社会的能量；如果政府不经济地使用其资源，并且总是因此缺钱，那么个体层面的勤劳和节俭，对作为一个整体的社会毫无用处。③【在页边空白处补充：因此，个体的经济成功是社会繁荣的基石，也是实现国家主要目标的保证。】

因此，国家保护身处其中的个人，并且，凭借其表现，个人得以追求自己的利益；臣民缴税不像是给外国霸主的税捐，而是作为对自己国家的贡献，因此也是对自己的贡献。能给国家更多的人，也将得到国家更多的支持。④ 正如国家的保护，甚至是对其关注的意识使公民感到安全和自信，他们的经济活动也是支撑

---

① 劳（1855 年），第 5 页，指出私人财富和国家财富不是对立的，但国家财富是一个国家内所有私人财富的总和——我们可以听到斯密对这个想法的呼应。

② 罗雪尔（1864 年），§205，p. 423，引用卢梭和亚里士多德的观点，认为国民经济繁盛不可或缺的先决条件是大、中、小规模财富之间的"和谐"。

③ 劳（1855 年），第 13 页。另见劳（1854 年），第 1 页："人民的经济福祉是……国家的目的之一。"

④ 斯密（1776 年），V. ⅱ. b. 3："每个国家的臣民都应该尽量按照各自能力的比例，为支持政府做出贡献；这与他们在国家的保护下各自享有的收入成比例。一个大国的各个人的政府费用，正如一个大房产的合租者的管理费用一样。"

国家的持久力量。

因此，国家有责任通过支持其公民来促进他们的经济努力并提高普遍繁荣的程度。

虽然这个原则是真实和必要的，但其应用对于那些它有意造福的人来说，可能是不利的。特别是当一个民族达到文明的高级阶段时，其政府在推动个体经济活动时必须采取最大的审慎，以便安全地避免像监护人那样行事的严重错误。

在一个民族仍未开化的时候，国家元首可能会试图主动激活不景气的经济；但是，在贸易和商业由于民族的勤勉和教育而蓬勃发展的地方，国家过多地干涉会极大地损害公民的利益，而通过允许个人有一定行动的范围，并仅在个人力量不足的情况下提供支持，国家才会必然促进国民经济的利益。①

负责并关心自己和家人的幸福，是辛勤劳作的强大动力，履行这些职责成为自由公民最纯粹的快乐和最真实的骄傲；现在，如果国家夺取了这些责任中的一部分，那么个人会感受到被强

---

① 笔记本 I 扩展后的重复，参见第 1v 页；门格尔的中心思想是从劳（1855年），§16 那里发展而来的。

制，而不是自由，即使这些事务符合他个人最切身的利益；① 在没有任何人帮助的情况下养家所获得的自豪，能够靠自己掌控的为生存而进行伟大斗争的知识，是一个受过教育的公民最宝贵的财产；如果国家解除了他的这些东西，他会感到受伤，他的乐趣和工作的动力将会与责任一起消失。② 因此，政府将面临与预期相反的结果。

此外，有相当实际的理由来反对这一点。政府不可能知道所有公民的利益，而为了帮助他们，就必须考虑到每个人的各种活动中的每一种。妨碍个性及其自由发展的任何形式的计划，无论应用在何处，都非常不适合。

无论制度是多么精心设计和出于好心，它们都不会适合每个人，因为只有个体才能确切地了解自己的利益和达成它们的

---

① 这句话紧跟门格尔的老师米舍勒（1857年），第16页后的表述。在其《工业原理》第8节中，米舍勒称，对自身健康的关爱是人类活动的主要动力之一，它激发和增加体力，并促进智力发展（第16页）。然后，通过对一个家庭的关心和爱，这种自我利益得到了增强、扩大和提升（第17页）。

然而，从那时起，米舍勒就遵循了与门格尔不同的路线。个人应该从对其家庭的利益出发，继而对公共利益产生崇高的兴趣，并热心公众事业。而门格尔提倡对国家进行限制，以确保"不受阻碍的个人发展"。米舍勒遵守宗教义务的要求，以及他对宗教是个人和公共事务中快乐行为的先决条件的赞美，门格尔并没有响应。

② 本段和以下部分对应于赫尔曼（1870年），第7–44页，其中他将工作称为终身奉献和牺牲（第9页），并称父母对其子女的爱打破了自我主义和自我保护的内驱力（第15页）。尽管日益增长的个人经济往来变成如此状况，以致人们可以适当地谈论"一个民族的经济"，但这个民族作为一个整体不应该被视为一个经济主体——因为满足这个经济的需求总是在于个体经济主体。

方法。

无数的影响——对每个人都有所不同——主导着人类的活动,只有个体知道达到其目的的手段;从不受阻碍的个人发展中,可以产生广泛的活动,使文明的高级阶段得以实现。个体公民最了解什么对他有用,① 并且,只有在为他自己的个人目的工作时,他才会是最勤奋的。② 在一个文明的国家,也必须提到个人努力有助于增加一般福利的知识,这是对工作的极大激励。然而,这种道德冲动只出现在文明的高级阶段,这是由个人的自由发展所带来的。

在这种情况下,整个国家都将兴盛,文化将受惠于满足、自信和勤劳的人们,得以繁荣和进步。不过,这将通过个体公民在经济活动中享有的自由而产生,因为他们自己的福祉和国家的福祉最符合他们的利益。但是,如果政府为了帮助他——尽管实际上会伤害他——而采取了错误的家长作风,并控制公民最私人的事务,作为政府代理人的官僚机构将不得不负责经济事务,并干

---

① 参见斯密(1776年),Ⅳ.ⅱ.10:"关于可以把其资本用于何种国内产业,使产品能有最大价值这一问题,显然每一个人处在他自己的位置,能判断得比政治家或立法者可以为他判断的好得多。如果政治家企图指导私人应如何运用他们的资本,那不仅是自寻烦恼地去注意最不需注意的问题,而且是僭取一种权力……把这种权力交给一个愚蠢而自认为有资格来行使它的人,再危险不过了。"

② 罗雪尔(1864年),§81, p.148,在他讨论公共财产的缺点时,明确说明了"搭便车"问题。

涉个人活动。①

完成的工作的多样性源于个体的多样性，并且，正是其多样性在以各种方式促进进步；在全面的官僚控制之下，个体的多样性将完全丧失。即使是最忠诚的公务员，也只是一个大机器中的盲目工具，他们根据规则和指示，以刻板的方式来处理所有问题，既不能应对当代进步的要求，也不能应对实际生活的多样性。

因此，人们可能会认为，不可能以一种刻板的方式对待所有经济活动，遵循同一条规则而完全无视个体利益。对一些人来说，追求个人利益代表着为自己和家庭的生存而奋斗，除此之外还有谁应该追求这些利益呢？

公民为经济发展而努力时的自由和自立，是国家整体发展的基础；因此，国家必须实现并捍卫这些基本原则。相反，通过家长作风，它破坏和阻碍了自身的进步，侵犯了其公民最自然的权利。

如上所述，国家只是其各个部分的总和，并且是一个由它们构成的整体。只有各个部分繁荣了，国家才能兴盛。因此，在所有事务中代表着整体的政府，必须特别考虑到公民为经济发展付出的努力，因为这些是所有财富的来源，也是国家权力的来源。

---

① 劳（1854 年），第 9 页，经济政策是"在于鼓励"的政府活动之一；经济政策应该"伴随巨大的审慎来进行，更多用于帮助和刺激，而非强迫"。

▶ 政治经济学Ⅵ. 1876 年 2 月

对一个明智的政府来说，找出如何在不妨碍任何人的情况下对经济的表现产生有利影响的方法，必然符合其最大利益。

在上文中，我们讨论了即使在最普通的情况下，这也是多么困难，以及支持如何容易转变为家长作风，从而限制了个人自由。然而，在一个国家的生活中会出现一些实例，在个人或公民群体的经济表现遇到障碍，需要政府的力量来消除它时，情况便是如此，因为个体的资源可能不够。①

我们在这里研究异常情况，因为只有这些才能证明政府干预的正当性；在日常经济生活中，我们应该总是把这种行为谴责为有害的。【在页边空白处，用铅笔标出:?】

在大多数情况下，这些都是如此强大的现象，它们要么需要特殊的法律，当然，只有国家可以通过这些法律，要么涉及如此高的成本——由于障碍的规模过大——以致政府的支持变得不可或缺。

在这种情况下，如果公民在经济问题上的个人责任和自力更生原则被带至极端，对他们来说是最为有害的，对国家来说也是

---

① 作为对政府的首要考虑，门格尔由此提到了斯密的"主权的第三职责"。参见斯密（1776 年），Ⅳ. ⅸ. 51："第三，建立并维护某些公共事业及某些公共设施（其建设与维持绝不会符合任何个人或少数个人的利益）；因为其利润永远无法偿还任何个人或少数个人的开支，尽管对一个大社会来说它可能经常做的远远不止是偿还。这在劳（1854 年），第 7 页后有详细阐述。除了斯密的考虑之外，这位作者还强调了在商业事务中用"命令"（门格尔没有采用）和"劝诫"来追求某些活动（门格尔采用了）。

如此。治理的艺术便在于意识到这一时刻，即公民最大的勤奋和最勇敢的牺牲，可能会屈服于迫在眉睫的灾难；在这种情况下，政府干预不应被视为对公民个人利益的家长式阻挠，而应视为对他们必要的救助。

例如，个体农民或森林所有者无法阻止牛瘟进入该国，或阻止根瘤蚜或树皮甲虫蔓延。

然而，国家可以通过下令隔离，来轻易采取措施控制牛瘟，或者禁止从国外进口葡萄藤；① 通过命令砍伐大片森林，并偿还所有者的损失，国家还可以大规模对抗树皮甲虫。所有这些措施都不能被一个个体采用，因为它们通常不仅仅是一个人的私人财产，因此只能由社区和国家来下命令。②

在与外国的贸易关系中，我们遇到了类似的情况，在此政府的支持是不可或缺的。实业家寻求将其产品出口到国外，这对他和国家都有利，因为贸易和商业大大提高了国民经济的表现。但是，携带其产品的个体公民无法进入外国，置身于巨大的利益之中，他像大山里的一粒沙子一样，消失在整个民族中。在这里，整体必须为其各部分的利益行事，而且几个国家必须像个体的人一样，协商他们的利益。商业条约的签署促进了个人贸易利益的

---

① 根瘤蚜是一种寄生于葡萄的害虫，会造成葡萄根的腐烂，今植株死亡。中译者注。

② 这遵循了劳（1854 年），p. 200 里更为直白的处理。

▶ 政治经济学Ⅵ．1876年2月

发展，从而使国家在一个最重要的领域繁荣发展。①

　　刚才提到的这些情况，使人们最清楚地了解了广泛且受欢迎的活动范围，在这个范围里，国家可以干预个体为经济发展付出的努力而不会全然犯下家长作风或侵犯个人自由的错误。【门格尔在页边空白处补充：插入。】

　　在国民经济——一个民族发展的基础——可以通过积极的支持措施来改善，而个人的微弱力量无法让这些措施奏效的地方，政府应该介入；这是政府的代表们最重要的任务之一；在经济问题上，治理的艺术在于确定正确的时刻和最有效的手段。

　　【在这本笔记本的封底内侧，带有"插入"的说明：到目前为止，我们已经考虑过第一种情况，即国家可以在没有实际家长作风的情况下，干预其公民的经济活动并产生有利的影响；我们现在将讨论另一种情况。】

---

　　① 斯密（1776年），Ⅴ．ⅰ．e．4："保护一般贸易，常被视为国防的重要事件，因而也就成了行政当局一部分必尽的义务。"Ⅴ．ⅰ．e．2："一些在野蛮和不文明的国家进行的特定商业分支，需要特别保护。"在Ⅳ．ⅵ．，斯密谈到了"商业条约"。劳（1854年），第320页，对商业条约的讨论显然是这段话的近似出处。请注意，与斯密或劳相比，门格尔甚至没有提到进口关税。

政治经济学Ⅶ. 1876年2月

论经济中政府干预的好处与限制（Ⅱ）

因此，政府必须干预经济生活来造福所有人，不仅要纠正冤情，而且要建立促进经济活动的企业。不过，由于其规模庞大，这些企业超出了个人乃至私人企业的能力。

这些不是限制公民活动的家长式措施；相反，它们提供了促进此类活动的手段。此外，它们对整个国家的那些伟大目标——使其表现得文明和有教养——具有一定的重要性。

通过改善交通来提高整体福祉的重要道路、铁路和运河是这类企业的特例，也是国家为其部分的福祉及其自身力量考虑的具有持久性的证据。① 与此同时，它们是构成现代国家繁荣的主要

---

① 斯密（1776年），V.i.d.1，建议"建立和维护有利于任何国家商业的公共工程，例如良好的道路、桥梁、通航的运河、港口"。

先决条件。

学校的建设①也是一个适合的领域,让政府证明其关心公民经济活动的成功。

如果一个公民一生都在稳定、努力地工作,诚实地谋生,以求创造一个幸福的家庭,并以正确的爱国主义和真正的公民美德为动力,那么,他最渴望看到他的儿子成长为有价值的接班人和正直的人,掌握足以满足当前时代的知识。他把自己的时间花在了工作上,因此感到缺乏时间,而且经常也缺乏知识来教育他的儿子,以便后者——比自己受到更好的训练,更适应从父亲青年时期以来的文明进步——最终可以进入父亲的生意。

在普通的学校里,②他会看到他的儿子成长为一个受过良好教育的人,对他来说任何职业选择都是开放的,③但他不太可能再回到他已经离开的巢穴,并从事他父亲的行业。

因此,如果国家建立农业或职业培训机构,④并使他不必担

---

① 请注意,这里只建议建学校,而不包括教师的生活费(奥地利典型和大部分的公共支出),斯密对此有所保留。参见斯密,V. i. f. 55:"在每个教区或地区建立一所小学校,可以促进(民众教育),在那里,教育孩子们的报酬是非常合适的,即使是普通的劳动者也可以负担得起;公共支出负担教师的部分而不是全部费用。"
② 接下来的4段遵循了劳(1854年),第39页,穿插着可能来自斯密的观点。劳区别了小学教育和职业学校的互补功能,方式和门格尔一样。
③ 参见斯密(1776年),V. i. f. 52:"……在文明的商业社会,教育普通人民也许比教育有地位和财产的人更值得注意。"原因在第50页。在第49页,他还指出,"为了防止几乎整个民族的腐败和堕落",政府教育可能是必要的。
④ 劳(1854年),第39页后,考虑了农业学校和工业就业的职业培训。

心，这对他来说可能是最大的好处，因为这些担心时常给他造成非常大的压力，而他对此无能为力。

除了对个体活动的有益影响之外，这些机构对社区也有很大的好处。虽然国民经济为受教育人口提供了一个主要的培训领域，但它很难充当一门实践教学的学科，同时也为其他科学做出了巨大的牺牲。① 虽然，一个民族可能在很大程度上最关注其经济活动，但这些活动可能已经过时了，而且，就普遍繁荣而言，在这个文明领域中的停滞将是无人能及的。

因此，建立这样的学校是国家证明——没有过度的家长式作风——它关注其组成部分的幸福的最佳方式之一，这种幸福对他们和它自己同样有益。

国家也可以通过实际补贴，来支持国民经济的各个部门，当然，只有当它对公民有用，但超出了他们的个体能力时。严格来说，这种补贴旨在成为一种有用的公共品，由整个社区拥有。

例如，如果国家想通过购买大多数人无法承受的优质育种动物，来促进农业，特别是牛的繁殖，就会出现这种情况。② 通过

---

① 斯密（1776 年），V. j. f. 46，似乎认为接受现代教育是恰当的，现代教育有"一些需求"，符合"时代的情况"。他对任何经院哲学都持高度怀疑的态度。

② 紧随劳（1854 年），第340页。劳谈到育种公牛（"Zuchtstiere"，听起来非常像德语的育种动物，即皇储所用的"Zuchttiere"）。当然，购买育种公牛更合理。

令人惊讶的是，门格尔没有提到劳在他几百页书里提出的任何其他公共农业政策措施，甚至没有灌溉或排水。

成为公共财产，动物可以最好地物尽其用：服务于所有人。

这样，正如上述所有案例所述，国家应该积极干预其公民的经济生活。这种干预既不是家长作风，也不是行使控制权，并因此构成障碍，而是审慎地保护，以及为了使整体及其各部分得到最大的幸福，是对社区的代表和支持。

通过这种方式，国家必须坚持其良性影响力，来克服任何障碍，或提供它自己可以轻易筹集，但个体不能通过努力筹集到的资源。

除了实际补贴和消除经济繁荣障碍的这些措施之外，还有另一种有用的干预措施，即国家有力地干涉某些个体的经济活动，以保护社区不必遭遇各种有害的阴谋。

这种情况不是在关心和支持弱小到无法实现其经济目的的公民，而是在限制对社区有害的个人行为。效果与前面的国家如何帮助其成员的例子一样有益。但现在，情况表明需要独断和对公民经济活动的干涉。国家采取的相关措施确实会阻碍一些人的行动，但只在这些行动与公共利益背道而驰的时候。

如果少数人的利己主义和贪婪成为多数人利益的障碍，那么，现在国家就应该捍卫所有人的平等权利，并为了社会的利益，强行干涉他们的活动，并将其利己主义限制在合法的范围内。在大多数情况下，这些难以成为支持国家的理由，特别是如果个体的利益似乎促进了许多人的临时利益，尽管实际上从长期来看，它会伤害众人的利益。

因此，政府很容易因为干涉公民的经济活动而受到谴责；同样容易犯错误的是，政府在确认干预的绝对必要性之前，就采取这一措施——它只能是到最后才被采取的步骤。

然而，在适当管理时，这种补救措施通常最有用；因为一个人以其他人为代价自私地追求其经济利益，所造成的损害是巨大的，并且——在当时可能意识不到——往往可能产生长期的不利影响。

例如，工厂主有机会以这种方式做恶，因此政府必须保护他们的工人不会受到太糟糕的待遇和伤害。①

当然，国家的一个主要关注点是，体力劳动者过着悲惨的生活，但却是人口中的很大一部分，是社会的支柱之一，不能因为少数富人的反复无常而受更多的苦。政体必须始终努力维护文明的总体进步，因此国家既不能通过自身的措施阻碍这种伟大的发展，也不能容忍某些个体的自私行为阻碍它，这往往可能危及当代和后代的幸福。②

---

① 在《国富论》讨论"主权责任"的部分中，斯密没有谈到雇主对工人的虐待，也没有考虑过针对它的预防性立法，但他在 I.ⅷ.12-13 中谴责了"主人"降低工资的企图。

接下来的10段主要遵循了劳（1854年），Ⅱ.pp.53-63 的论"工厂"。

② 本段包含了劳（1854年），Ⅱ，pp.1-143，"论工业政策"的要点。劳认为制造业的分支"大部分都是能共处的"。换句话说，与农业的不同分支不同，它们彼此之间几乎没有"外部影响"。这使贸易自由成为产业政策的一般原则。

▶ 政治经济学Ⅶ.1876年2月

如上所述，我们尤其会在工厂里遇到这个问题。在这里，工厂主有机会通过亲切、仁慈和良好的待遇，进一步促进许多人的智识和情感发育，从而使他们成为好公民；① 通过粗暴地对待他们，并使他们过度劳动，他可以使那些已经处于极低水平的工人彻底堕落——成为人们口中的渣滓。因此，无产阶级和"共产主义者"的存在，是由于富人的虐待，现在这些富人正被他们的幽灵所困扰。

工厂主可能会对工人阶级的身体发展产生决定性的影响，出于这个原因，为了防止工人因过度劳累而身体退化，国家必须密切关注工厂的生活。② 因此，工厂所有者不得让他们的劳动者工作超过一定的最大限度【门格尔在页边空白处补充：15小时】，即使工人出于必要或者受更高工资的引诱，愿意接受这种灾难性的待遇。政府禁止工厂每天工作15小时，③ 因为如果工人每天花费那么多小时做苦力，那么他的体力和健康就会受到影响，从而使他的智力完全变得愚钝，并陷入机器般的状态。【页边空白处：

---

① 劳（1855年），第523页，考虑了大量"容易被激怒的工薪劳动者"会如何危害公共安全。他强调工厂主对工人进行道德教育的重要性。

② 劳（1854年），第二部分，第58页后。提到了对工厂工人"健康和道德"的影响；丰富的脚注总结了来自英格兰（如查德威克）、法国、比利时等的众多报道。

③ 这比劳（1854年），Ⅱ，p.54更进一步，劳只是认为儿童的收入是非常贫困的家庭乐见的额外收入。脚注中讨论的工作时间仅适用于儿童和青少年，但允许的最高工作时数为12，而不是15。斯密（1776年），Ⅰ.ⅷ.44，谈到"工人"："相互模仿和获得更多收入的渴望，经常促使他们过度劳累，并通过过度劳动来伤害他们的健康。"

儿童和未成年人!】

工厂生活的一个更加灾难性的特征是使用童工；这会损害整代工人的身体和智力发育，因为年幼的苦役会永久地破坏一个人的健康，阻碍他的茁壮成长；此外，按时上学变得不可能，除了缺乏正规教育之外，与更年长的工人——他们往往很腐化——的持续交往，也会导致彻底的堕落。①

在这里，国家的任务是通过代表这样一个重要而人口众多的阶级进行强烈的干预，来为整个社会的利益行事。

拥有许多富有的工厂主，来作为普遍发展和繁荣的支柱固然重要，但国家仍然有义务在这种情况下干预他们的经济活动，宁可阻止额外的利润再累积到这些工厂主身上——如果这符合国家更大的普遍利益，以及保护全体人民的重要利益不受损害，毕竟，工业的存在也依靠着全体人民的肩膀。

在这种情况下，为了正义和人道的利益，国家牺牲了一些当前的财富——其公民的财富无疑属于这一类；但是，这一牺牲将为社区带来巨大而持久的利益，也就是说，为国民经济带来巨大而持久的利益。

由于暂时的好处，个人的自私利益往往会导致一种行为，这

---

① 这概括了劳（1854年），Ⅱ.§202a，其中考虑了做童工对健康的影响，并详细讨论了义务上学的重要性。另见劳（1855年），§398a（上文提到的段落引用了它），其中列举了道德上的危险，不仅包括儿童，还包括女性。

▶政治经济学Ⅶ. 1876 年 2 月

仍然可能对许多人（包括所有者在内）造成永久性的损害，尽管它不会超越不受约束地使用财产的限制。① 在这种情况下，国家应该通过说服或法令来防止这种损害。这是对个人经济行为的严厉干预，然而，当社会的利益受到个人自私的危害时，这是合理的。在这种情况下，社区的防御性预防变得必不可少。【门格尔在页边空白处补充：森林清理。】

特别是，我们在林业中也遇到过这种问题。

山区的森林所有者经常会暂时缺钱，② 他想清理他那高耸的森林，这很容易造成不可挽回的损害，因为降雨将形成洪流，并冲掉腐殖质层；③ 春洪、夏旱和对平原农业的其他类型的破坏都

---

① 在此，门格尔转向了劳（1854 年），p. 309 ff. 对森林保护政策的处理。劳总体上非常关注有利的产权秩序：公司森林所有者（当地社区、基金会和教会财产）的受托人或管理人员应受到政府的密切监督，以防止不当行为，而个体森林所有者在经济活动中必须尽可能少地加以监管。当然，有些监管是必要的，出于"最重要的利益"和防止"对公众的损害"。

② 劳（1854 年），第 309 页，指出"短期利益"的动机是毁灭森林的原因。他补充说，这种破坏也可能是由于所有者的"懒惰和无知"。如果王储的描述是完整的，门格尔特别压制了所有者知识不足这一论点。请注意，门格尔给出的一个论点是高时间偏好（隐指不等于高度不完善的资本市场中的一般利率），而不是经济主体在照顾其财产时的疏忽。提出的第一个论点暗示着只能避免由于另一个论点（资本市场的不完善）导致的外部不经济（毁林的影响）。

③ 劳（1854 年），第 311 页后，认为由于"高山脉"的砍伐造成土壤侵蚀的可能性是监管的重要原因。对于以下门格尔提到的奥地利南部（南蒂罗尔、伊斯特拉、达尔马提亚）干旱地区来说，侵蚀的危险尤为突出。劳使用了一个不寻常的德语术语"Gießbäche"。鲁道夫使用的相同术语一方面表明，门格尔逐字逐句地遵循了劳；另一方面，鲁道夫再一次忠实地再现了老师的话。

是砍伐山地森林①所导致的，并且随着时间的推移趋于恶化。南蒂罗尔、伊斯特拉和达尔马提亚都是个人盲目贪婪和前政府疏忽过失的悲惨教训。

保护森林是国家的主要职责之一，由于其重要性，政府干预个人经济活动是正当的。②

国家只可以按上述例子中描述的方式干预公民的经济活动。

除此以外，其第一个原则应该是：让公民在其活动中享有完全的自由，在个人能量不足的地方提供支持，以及在个体以损害社区的方式追求自己的利益时，提供保护性预防。【门格尔在页边空白处补充：达到经济目的，或抵御即将来临的危险。】③

遵守这一原则，将带来国家与其成员之间和谐、自然的关系。公民意识到政府是由明智和开明的人所代表和领导的，这将让他们发展节俭和诚实的真正公民美德，从而提高他们的教养。④他们受到国家强大力量的保护，在危险和困难的情况下，他们会向其求助。并且，在光景好的时候，最高尚意义上的现代国家将

---

① 劳（1854年），第312页，指出由于山地砍伐所造成的洪水导致了平原土壤的侵蚀。

② 这是劳（1854年），pp. 303–333中关于森林政策的长篇中的信息。

③ 复述劳（1854年），第7页后的一般论点（见上文，第115页）。

④ 参见劳（1854年），p. 34 ff.，工人的"节俭和灵巧"归因于"法律保障和法定自由"。劳在这里引用他自己的作品（参见1855年，第127页后），其中"节俭和灵巧"是"教育"或"启蒙"（或"联想"——德语术语"gesellige Bildung"有点含糊不清）的后果，而不是原因。

发展成为一个让真正公民不受约束地活动的舞台，它的各个部分不会将整体视为一个独立的实体，而是视为一个有机体，成员就是他们（自己），而有机体则将这些部分视为构成整个社会的要素。

这种情况源于完全的相互信任，国家永远不要因家长作风和控制，或在遇险时的疏忽而破坏这种信任。

【门格尔在页边空白处补充：结束】国家代表着其各个公民，将以各种方式捍卫他们的利益；反过来，为了公共利益，他们也愿意为国家的力量做出任何牺牲。

这种关系是每个国家必须努力接近的理想状态。一个重要的先决条件，是国家对个人活动使用适当的影响力：通常是让公民在经济活动中随心所欲地做事，而且几乎不会直接干预。

维也纳，1876年2月21日
鲁道夫

政治经济学Ⅷ. 1876 年 2—3 月

论奥地利—匈牙利纸币的状况及纸币改革的手段①②

在奥地利—匈牙利，纸币有两种形式：银行票据和国家票据。③

---

① 在笔记本Ⅷ和Ⅸ中，大量内容被修改和删除。他们制作了一份修订本，其页面分别编号。它既不是鲁道夫的笔迹，也不是门格尔的，而是尚未识别的第三者的笔迹，并且包含在第 14 页列表里编号为 16 和 17 的笔记本中。在这里印出了这份修订本。

② 仅此一次，这一章不是基于赞成纸币的斯密（1776 年）。他在 Ⅱ.ⅱ.26 中说："用纸币替代金币、银币，可以说是用一种成本低得多，而常常又同样方便的方式取代了一种非常昂贵的商业工具。"但他只考虑了自愿接受的银行票据，它们基本是私人银行发行的，而不是政府发行的。

由于本章涉及一个特定的奥地利问题，因此它不可能来自一般的德语教科书。
许多更正可能是因为门格尔完全依靠他自己并且必须保持警惕。

③ 本章的部分内容可能反映了劳（1855 年），第 367—386 页对纸币的广泛研究。银行票据和国家票据的划分类似于劳，第 369 页与第 379 页的结合。

▶ 政治经济学Ⅷ. 1876 年 2—3 月

在恰当地谈论主题之前，我们必须指出，我们的通货在许多重大战争、危机和各种深刻变化中遭受了巨大的损失，在过去的 26 年里，这些变化使我们的王国从过时的、近乎中世纪的形式变为最真正意义上的现代国家。在危难之中，国家发现自己的通货恶化到一个无法使用的不健康状态，部分是由于政府的过错，但部分仅仅是紧急状况的结果。

我们现在正在走向复苏，国外的和平与国内的和谐将很快使我们的货币体系恢复正常。

如果采取特定的有益措施，就更是如此了，现在让我们将注意力转向这些措施。

如上所述，我们有两种纸币，让我们先来看看银行票据的不足之处。可兑换成贵金属是银行票据最重要的特征。实际上，银行票据只是让银行见票即付，支付给持票人票据所示金额的一张货单。银行票据的价值，源于其兑换为硬币的确定性，这使其对商业交易很重要。①

不幸的是，我们的银行票据并没有显示出任何这些重要的属性。

它们不能被兑换成白银：如果我们走到银行，用我们的票据去赎回白银，我们会空手而归。虽然每个持票人都有权索要在票

---

① 劳（1855 年），第 380 页后，只考虑了银行票据对硬币的可兑换性。据推测，由于这个原因，以下几段强调了奥地利的情况并非如此。

据上注明，并因此由银行担保的金额，但银行不能把它给我们。因此，在这一主要方面，我们的通货不是它应该成为的东西，而是某种完全不同的东西。银行没有像它应该做的那样，发行索要硬币的货单，而是只发行了一张张的纸，这些纸张本身变成了一种货币，因为它们不能被兑换成白银。

人们自然不会从一个缺乏银行最基本特征和用途的银行那里接受银行票据；如果要接受银行票据，政府必须使接受变成强制性的，① 也就是说，就算银行票据不能被兑换成白银，人们也必须接受其为货币，并承认其有效性。

当然，这是一种相当任性，甚至强迫公民的行为，公民们被迫把他们本不会接受的东西当作可兑换硬币的银行票据来接受。

除了上述提到的两个缺陷，我们的纸币中还存在另一个固有缺陷。

因为，如果票据不能兑换为硬币，并且仅通过法令来保持流通，则它们相对硬币来说丧失了价值，尽管它们仍然被称为 100 弗罗林（奥地利通货），但远远不等于 100 弗罗林的银币。所以，他们的所有者遭受了损失。这种可悲的价值差异是对银行票据的"折价"。

所有这些混乱的症状在我们的银行票据中都显而易见，因

---

① 这遵循了劳，同上，第 375 页。

此，它们完全没有实现其目的。

然而，如果这种纸币是健全的，它会是非常有用的，并将随着情况的改善，而最终达到其目的。然而，只有这样，国家银行才能履行所有具有健全通货的国家的银行所长期履行的那些职能。

我们得以在奥地利银行票据中观察到的那些缺陷，在奥地利的国家票据中也很明显。一种健全的国家票据不需要通过法令来确定其价值，人们乐意接受它，就像乐于接受硬币一样，因此不会出现折价；相反，我们的奥地利国家票据是由政府过量发行的，并且，为了让人们接受它，并让其继续流通，它们必须是强制性的。因此，它们相对于银币而言是贬值的，即它们有折价。

所以，我们意识到我们的银行票据和国家票据有同样的不足；现在，让我们看看这种状况对公共利益的影响。

货币是个体和国家用来满足其需求的手段，两者都力图获得它。

一方面，一个有序而可靠的货币体系，对两者来说都是繁荣和经济稳定发展的先决条件；另一方面，不安稳的货币体系会阻止个体公民，剥夺他进行可靠计算的基础，并让他担心自身最重要的利益。但无论是对国家还是对个体来说，一个无序的货币体系都是有害的，因为它剥夺了国家可靠地计算自己大规模预算的所有可能性；为了暂时的缓解，国家会倾向于采取一些最终使其陷入更大困难的措施。

面对诱惑，只有最大限度的自我约束和坚定不移，才能帮助政府摆脱财政困境。

我们不仅必须考虑到由一种不健全的通货造成的物质损失，还要考虑到政府面对的道德耻辱，因为总归是由国家来对这种混乱负责。在关键时刻，当国家这艘船在颠簸的时候，政府经常会妥协于过度的劣势，并导致其采取一些能立即缓解状况，但会造成持久问题的措施。

如果之后再出现类似的错误，并且，政府因此自然面临着越来越多的困难，其在国外的声誉和国内对其的信心就会减弱。公民将认为，政府比实际情况弱得多，不安全得多。由于货币混乱是个人最关心的问题，影响到他的重要利益，因此会产生不满情绪。在很大程度上，贸易和商业——所有经济发展的支柱和主要动力——建立在完善有序的货币体系之上。

因此，所有计算中的汇率波动和不确定性都将动摇国家繁荣的基础。在国内外的活动中，作为一个整体的国家和每一位个体公民都会随处遇到不信任和各种障碍。

个人和国家都会在其收入来源中遭受损失，他们收到的款项将以贬值的票据支付，其价值是波动的；因此，收入实际上比预期的要小得多。出于这个原因，已经处于财政困境中的国家会发现某项财政收入的实际价值无可救药地变得更小，于是情况变得越来越糟。

在这里，我们清楚地看到过去错误的诅咒，以及它们在如何继续发挥作用。这种不幸的局面破坏了政府在国外的信用，使与外国的商业交易变得困难得多。

由于会合理地担心遭受损失，所以所有外国银行和商人都不愿意提供大笔资金给需要它们的政府。

使用奥地利通货和奥地利汇票的境外付款将根本不被接受，①或只有在收取大额附加费的情况下才被接受。随着通货声誉的降低——毫无疑问它有巨大的影响，如果不形容为最大的影响的话——整个国家的声誉都在减弱，因此，可以合理地认为，一种不确定的、无序的通货是国家的致命缺陷，因为它在所有经济生活及其发展中无处不在。

因此，我们必须特别努力地争取建立一种健全的通货，并且，要成功地做到这一点，我们首先必须找出我们的纸币不健全的原因。

让我们首先考虑一下我们国家票据的不幸状况及其原因。

国家票据是由政府发行的纸币，并且仅仅因为公民有权用它来缴纳税款，而获得了货币的地位。

这些国家票据本身，已在小批量流通中被证明是无害的，同

---

① 一个有些夸张的说法。劳（1855年），第360页（§289的注释），给出了1855年1月在维也纳的额外费用：纸币127兑换白银100。

时，通过提供所需的资金，它们能够在短期财政困难中派上用场。

但是，如果国家票据的发行量过大，不利于公共利益，那么政府必须通过法令来确定其交换条件。这在当时看来似乎非常有利，但对于票据持有人来说，这是一种肆意妄为。因此，国家票据贬值了。通过折价，所有这些票据的所有者都会遭受损失；他们认为自己拥有国家票据上标出的金额，但事实上，以银币计算的金额要少得多。

不仅是个人遭受损失，国家也会遭受损失，甚至更甚。因为，上述情况表明存在某种不安稳因素，并会最明显地展现出政府的软弱和短视，它们一直试图通过损害社区来帮助自己，导致经济陷入更大的困境。

因此，我们必须将国家票据的过量认定为其贬值的主要原因；在不利的情况下，国家经常感到必须采用发行过量票据这种方法，遗憾的是，货币形势从未有利到让政府轻松决定去纠正这种损害。

在任何一个货币体系秩序井然的国家，流通中的国家票据数量必须是固定的，政府应该决定，在任何情况下都不会发行更多票据来超过这个数量。国家票据的价值仅来自它们可以用于纳税这一事实，相当少量的国家票据就足以达到这个目的；发行超出这一要求的票据肯定会产生有害后果，因为票据因此遭到贬值，然后必须通过法令来确定其交换条件。对奥匈帝国来说，1亿弗罗林国家票据大概就够了，并且没有负面影响。唉，到目前为止，我们已经超过了这个数字，因为有大约3.5亿弗罗林国家票据正在流通。

为了消除国家票据的折价和由法令规定的交换条件，国家不得不决定从流通中撤回约2.5亿弗罗林票据，并将其销毁；这是一个伟大的牺牲，也将是一个有良好效果的牺牲。

为了逐步实现这种减少——通过在票据流入公共收入时将其撤出流通——国家必须处于一个稳定而有利的财务状况，以便立即允许（接下页）

政治经济学Ⅸ.1876年3月[1]

这种重大的收入分配,如果情况不那么有利,国家正遭受货币不健全的影响,正如我们的情况,那么政府就必须筹集相当于撤出国家票据总额的贷款。

当然,这笔贷款不得由国家银行使用;那时候,银行不再受益于撤回国家票据,而会再次受到冲击并深受动摇。

如果国家采取这些措施,并设法通过向大商人借款,或通过国债直接从居民那里让超额票据退出流通,则可以结束国家票据的贬值和强制性的交换条件;然后,人们会找到一种方法让国家银行重新站稳脚跟,并帮助它获得与欧洲主要国家其他银行相同的正常状况。

一个严重——虽然很常见——的错误是,假定强制性的交换条件和银行票据的贬损是由国家银行本身的状况引起的。银行不

---

[1] 参见上一章,第132页的注释①。

仅不对目前的情况负责，而且处于完好的秩序之中。

以前，例如在19世纪50-60年代，我们的银行票据的恶劣状况是由国家从国家银行借贷巨额资金造成的。这使银行无法根据面额将票据兑换为硬币；为了不让银行彻底破产，国家必须让票据成为强制性的。

这个程序具有很大的破坏性：它对国家银行造成了巨大的破坏，对票据所有者来说，是一种不负责任的轻率行径，对货币体系造成了长期消耗。因此，今天不再使用这种方式。

确实，在最后一次恢复银行"特权"时，银行给予了国家8千万弗罗林的免息贷款，但是，这笔贷款并没有大到能危及银行的稳健性。

因此，我们的银行票据目前的不良状况不应归咎于此；它不是由银行造成的，因为其贵金属就贮藏在它应该在的地方，即金库中，等待更好的时机、更具可兑换性的票据。

此外，银行票据的数量并没有过多，它们以适当的数量在君主国中流通。简言之，银行状态良好，并可以在任何时候将其票据兑换为硬币——如果不是政府让国家票据淹没国家的话，而这部分来自前述的软弱和短视，部分是因为情况紧急。

在这种情况下，国家银行——为了它自己和整个经济体的利益——不可能开始将银行票据兑换成硬币，这些银行票据会立刻全部退出流通：每个票据所有者都会将它们兑换成白银，以获得其全部价值,但所有债务都将以贬值的国家票据支付。换句话说,所有货币交易很快就会只通过贬值的国家票据来结算。

那么,这个错误不在于银行票据,而在于国家票据。并且,能否让奥匈帝国的纸币再次被人接受,是完全取决于政府的。

只需决议和一次牺牲,就能实现有序和健全的货币体系,并为国家带来无数的益处。

我们将不得不撤回和销毁大约 2.5 亿弗罗林的大量国家票据;其余的,大约 1 亿弗罗林,将因此不再折价,并且,作为稳健的纸币,可以有效地用于某些类型的支付,例如税费。另外,银行票据可以被兑换为硬币,最终银行将摆脱其无序的症状并履行其适当的职责。

当这种情况发生时,我们就会拥有对其他国家来说正常的纸币。但是,在获得这个令人满意的成果之后,国家注意到持久、悲惨的货币形势,必须非常谨慎地避免重复先前的错误。例如,它应该决定永远不要求国家银行提供任何数目庞大的贷款,无论情况如何绝望,以及诱惑有多大;政府那种超越当前紧急状况,并着眼于长期后果的自制和远见,都将产生良好的结果;政府也不能再次诉诸发行国家票据的方式,不能通过印过量的国家票据来立即得到货币。

在任何情况下,它都必须遵守原则:永不发行超过约 1 亿弗罗林的国家票据。

▶ 政治经济学Ⅸ．1876年3月

如果政府遵守上述原则，并且不回避随之而来的牺牲，它很快就会意识到受益极深。

健全的通货是国家权力的主要先决条件，它极大地促进了国内的和平、满足和信心，并使国家在国外享有威望、稳固的名声和信誉；另外，严重腐败的通货是各种不幸演变成灾难的主要原因，同时也是将一起起灾难串联起来的线索。

这是我们在奥地利的悲惨经历，在很大程度上，这种局面已经部分得到了补救，对政府来说，现在是时候去努力永远结束这种不幸的局面了。知道了问题的重要性，它就应该避免试图不做牺牲，就想重新建立一种健全的通货的做法。

维也纳，1876年3月8日
【亲笔：】鲁道夫

政治经济学 X. 1876 年 3 月

国家为其官员和公务员支付工资的原则
（论工资理论）

在所有不同职业中，为任何活动或表现支付的工资，实际上是所执行劳动的购买价格，它不是由雇主和雇员的判断或倾向决定的，而是由某些原则和规则决定的，它们超越了任何单一职业或专业、民族和国家的界限，对整个人类社会都或多或少地有效。

通过用能力和能量不断换取有形交换物，差价形成了。[①] 它

[①] 门格尔跳过了对工资总水平的分析——除了说确定工资不是任意的，而是有一个"工资法则"（见下文），这被解释为工资差异理论。因此，跳过《国富论》的第一章第 6—8 节，门格尔立即提出了第一章第 10 节"论工资与利润随劳动与资本用途的不同而不同"的缩写版本。再一次，斯密的描述，即强调工资差异原因的供给侧，与门格尔自己的边际生产力报酬理论大相径庭，后者强调对最终消费者的效用（因此是需求侧）的贡献。

门格尔也不同于他的主要德语出处劳，后者在价格理论框架中多有研究工资总水平的力量，但是——与斯密相反——对工资差异保持沉默。

们能表明所完成的工作和为其支付的工资之间的关系。

无数的因素带来了这一难题：什么构成了各种工作的工资公平分配。

考虑到实际生活，人们已经想到了某些主要范畴来确定工资的大小，它们共同构成了工资法则（Law of Wages）。

最重要的是，国家必须根据这些法则确定公务员的工资。作为其所有臣民的代表（类似于一个人），它必须确保工资是公正的，并在人们为公共利益而工作的所有职位中，按个人表现的比例分配。

国家必须有兴趣在其臣民的所有经济活动中公平分配工资。因此，它最重要的责任是要确保那些致力于服务公共利益、服务国家的人，依照他们的培训①和活动范围②成比例地获得工资。最

---

① 这是斯密眼里导致工资差异的第二种"主要情况"（Ⅰ.x.b.1），讨论这一点的篇幅最长，这一点也最接近门格尔的心意，因为他希望向王储解释专职公务员（他本人所属的阶级）的薪酬原则。斯密的第二个原因是训练的成本。斯密，Ⅰ.x.b.5："其次，劳动力的工资随着学习业务的容易及廉价或困难及昂贵而变化。"第6-8页详细说明了这一点。Ⅰ.x.b.9指出："精巧艺术和博雅职业的学习耗时更长和花费更大。所以，画家和雕刻家、律师和医生的货币报酬当然要大得多，而实际上也是如此。"奥地利公务员主要是律师（和医生）。再次注意到这与"边际革命"——其中一位领导者是门格尔——的要旨之一不一致。边际主义者强调，虽然所有的律师和医生所需的教育成本相同，但根据需要其服务的人对其服务的评值不同，他们的收入有很大的不同。

② 这可能应该代表斯密（1776年）的工资差异的第四个因素，Ⅰ.x.b.17，"……必须给予工人的或小或大的信任"，在这种情况下，意味着公务员的职级或职责水平。

重要的是，一个明智的政府必须确保，那些想为公共利益发挥自己知识才能的人才，能不受限制地获得高级职位。① 与面向处于类似职位的私人不同，国家不能向做得更好的人支付更高的工资，但它可以为优秀的公务员提供一个有前途的岗位，同时将平庸的人留在有限的活动范围内。

总的来说，有几个原则支配着工资制度，它们共同被称为工资理论。② 最简单的劳动力，根本不需要培训，得到的工资只够为工人阶级家庭提供生活资料；③ 更先进、更高技能的劳动力，需要预先培训，将按照必要培训的成本成比例地收入更多；④ 此外，工作的愉快与否会影响工资；⑤ 以及，最后的，为进入一个专业或职业进行的培训或学习所需才能的高低也会影响工资。⑥

---

① 这反映了斯密（1776年）的一个重大关注点。参见 I.x.c，"欧洲政策引发的不平等"，作者反对"限制一些就业中的竞争"。（在奥地利的情况下，这意味着公务员队伍的更高职位不应该留给贵族成员——这是门格尔和后来的王储的一个已知问题。）
② 根据门格尔的理论，这是工资差异理论。
③ 这是斯密（1776年），I.viii，"劳动工资"的缩影；参见 I.viii.15："一个人必须永远靠他的工作生活，他的工资必须至少足以维持他的生活。"
④ 重复第二种情况，同上，I.x.b.5。
⑤ 斯密讨论的第一种情况，同上，I.x.b.2："首先，劳动力的工资随着劳动的轻松或艰苦，清洁或肮脏，光荣或不光荣而变化。"
⑥ 第二种情况的另一种重复，即培训的成本。门格尔可能已经跳过斯密的第三个理由（同上，I.x.b.11），工资随着就业的稳定或不稳定而变化。因为从来没人向王储介绍失业问题，包括在19世纪70年代大萧条谷底的失业问题。门格尔可能已经提到了斯密讨论的第五种情况（同上，I.x.b.11），即工资"在不同的工作中……根据成功的可能性或不可能性而变化"，且这个可能性取决于人才。这一点将在第76页后详细阐述。（在门格尔纠正之前，鲁道夫这里只提到"执行工作的方式"会影响工资。）

这些原则中，最重要的是上述第一个原则，即所谓的工资铁律。① 它体现了工资决定的主要原则，并且关注的是最庞大、人数最多的劳动者阶级的存在。

在支付工资时，国家首先必须遵守公正和中立的原则，因为除了不道德，并显示出肆无忌惮的妄为之外，不公正的工资还会破坏国家最坚实的基础，即其成员对政府的尊重。

在为公务员提供报酬时，国家很难做到公正无私。工资很容易被定得太低，如果为责任重大的要职人员提供的报酬不足，尽管还有其他激励措施，公务员也可能会离职，或者，缺少新公务员人才。② 但国家也很容易犯错误，表现出不恰当的慷慨：它可能会希望阔绰地为其公仆提供报酬——以牺牲公共利益为代价——从而损害了人民利益，而这些公务员本应该为了人民的繁荣和福利而工作。当然，国家不应该忽视其雇员的服务，而应该充分意识到他们的努力③和做出牺牲的意愿，但不应该让他们因为善行而变得拮据。总而言之，国家付给公务员及其他雇员的工资应该既不太多，也不太少，而是根据工资的一般规律支付。

---

① 特别奇怪的是，门格尔以"革命社会主义者"费迪南德·拉萨尔（Ferdinand Lassalle）引人注目的德语措辞提出了古典理论（即工资的生存理论）的概述！

② 这种用供求法则［斯密（1776年），I. vii. 7–15］来作为公务员薪酬的决定因素的说法，最接近边际主义经济学的原则。

③ 再一次，根据努力决定报酬（斯密讨论的第一种情况，参见 I. x. b. 2）是古典主义而非边际主义的想法，至少只要不考虑"效率工资"，即努力随工资而变化，然而，门格尔并没有提出这一点。

|卡尔·门格尔的经济课：来自奥地利王储鲁道夫的笔记|

任何活动领域的公务员都是担任着一份责任的社会成员。这是一份殊荣，[1] 因为人们认为一个服务于其国家的人，在服务于许多人的利益，认为一个人将其精力投入公共利益，是高尚而美丽的。因此，那些代表这种观念的人在其社会地位上，不同于那些仅为一己私利而工作的人。

在介绍了制定公务员薪酬的最基本的原则之后，我现在将继续介绍与其有关的各类具体原则。

国家也有从事最低级工作的雇员：接受过很少培训的公务员，可能不需要任何努力和代价，[2] 例如接待员、马夫、公共建筑的门卫等。在给他们报酬时，国家必须严格遵守工资理论，根据这种理论，无资质的普通劳动者应该只拿到维持他们自己和家人的所需（所谓的最低生活必需品）的工资；[3] 这是一个严峻的原则，但工资制度必须有一种模式，如果完全未经培训的员工所获得的工资大大超过了维持生计所需的最低限度，雇主应该向那些培训成本高昂、才能非凡的员工提供什么样的工资？在那种情况下，支付的工资金额很快就会超过个人和国家的资产和能力。因此，如果一个人没有受过培训和教育，只负责任何人都可以立

---

[1] 斯密（1776年），I.x.b.2："对于一切可敬的职业，荣誉是报酬的一大部分。考虑到所有因素，在经济利益上，他们的收入通常都低于应得的。"
[2] 再一次，是斯密（1776年）讨论的第二种情况，I.x.b.5。
[3] 斯密，同上，I.viii.15。

即学会的职责,那就只能付给他生活所需的报酬。①

有一个因素并非没有影响公务员的工资,我不能不提到它,即员工的地点。一个身处外省小镇的公务员,工资会低于一个在维也纳工作的同职位公务员,但他将至少和后者过得一样舒服或甚至更好。因为在大城市里,即便是最质朴的生活方式也非常昂贵。②

出于公正和公平的原因,国家有义务注意到这些差异,并将其考虑在内。

更加复杂和困难的是,国家以公正和适当的方式确定其更高级别、更训练有素的公务员的工资。在这时,它必须主要依据培训和先前学习的程度;它们越昂贵,工资就越高。③ 这应该被视为首要的原则,因为这种计算是唯一公正的一种,并能激励年轻人去进修;因为一旦勤勉的训练被剥夺了引向所有成功的机会,那么它将日益减少,而政府将缺乏训练有素且能干的高级公务员,职业将不对那些有实力和能胜任的人开放,不利于公共利益的庇护制(patronage)将盛行。

在政府服务中,各种职位所需的学习课程是最多样化的。

---

① 这与奥地利普遍接受的预想(一位仁慈而父权的君主)有所不同,他出于君主的尊严和他们对他的服务,而付给公务员更多薪酬。

② 参见斯密(1776年),I. viii. 31,尽管他认为"劳动的工资因地点的不同,大于因必需品价格的不同"。

③ 再一次,斯密讨论的第二种情况,同上,I. x. b. 9。

一个已经学习了很多年,因此经历了耗时而昂贵的教育,并掌握了丰富知识的人,很有可能受到晋升,甚至达到政府服务的最高职位。对于某些职位来说,胜任需要更多年的培训,而对于其他职位则要少一些。例如,初级文员需要读4年文法学校,高级文员需要读8年文法学校;法律文员及以上的所有级别需要进行大学培训,因为他们可能会升到最高级别,这种级别是没经历过学术培训的人在任何情况下都无法达到的。教育领域的职位也是如此:小学教师的职位很容易由参加过特殊预科课程的人,或者只在文法学校或中学接受过4年培训的人填补;而中学只会雇佣从文法学校毕业,并在大学修完一门课程的人,虽然他们不需要在任何特定领域获得博士学位;另一方面,取得大学教授的职位,需要在特定学科中获得博士学位,并经过额外的特殊培训。因此,总的来说,对于国家而言,付给法律文员的薪酬高于高级文员和初级文员,付给大学教师的薪酬多于中学教师,付给中学教师的薪酬又多于小学教师是合理的。医生的报酬也是以同样的方式分配的:一名培训不太充分的助理医师,可能没有上过困难而昂贵的学习课程,其薪水远远低于主治医生——他必须持有医学院的博士学位,并通过昂贵的额外学习,始终与这门科学的发展保持同步。

但是,国家有义务考虑其公务员薪酬中的各种其他因素。除了与培训相称的工资之外,一些官员还必须获得额外的工资。

实际上，给公务员这些额外的金额并不是为了私人使用，而是为了履行某些政府职能，并在某些情况下明确地彰显国家的辉煌与权力。①

例如，高级外交官、外交部部长，或首相、总督就是这种情况。

这些是公务员中最顶端的显要人物；他们的职位需要一定的排场，因为他们在社交生活中代表着各自的政府，这对外交官来说尤其如此。

因此，国家必须为他们提供一定的资金：为了养四轮马车，为了支付晚宴、宴后派对、舞会的开销等。在某些情况下，即使这种更高的报酬也是不够的，因此，易于被选中担任这些职位的人往往家境殷实。当然，毫无疑问，如果政府能够充分支付这些职位的官员工资，并因此总是能够选择最适合职位的人，那将是最有利的。骑兵军官也是如此，政府必须提供马匹及其维护手段。对一名骑兵来说，一匹马不是奢侈品，而是他最重要的特质，即他的武器，没有它，骑兵就失去了他的全部意义。

与公务员薪酬相关的问题还在于，国家是否进行任何实物支付，尤其是它是否提供住房；对于较贫困的公务员，以及最高职位的官员来说，这是一项巨大的利益和重大的储蓄方式。另外，

---

① 参见斯密，同上，V.i.h.，"论维持君主尊严的费用"。

对于那些不能得到实物住房的公务员,国家必须支付一定的住房金额,足以使公务员获得与该职位相称的住宿。

除了军队(他们几乎所有成员都住在国有建筑中)之外,许多公务员,例如总督、地区总督、部长、大使等,也都享有国有住房。在这些情况下,国家可以保持货币工资比没有这种优待的其他同级公务员低一些。

在支付其公务员时,国家——就像私人一样——必须特别注意各种工作是否有吸引力,以及随之而来的区别。

如果公职具有吸引力,那必须通过稍稍降低工资,来将其反映在工资上;另一方面,对于没有吸引力的公职,可以把提高工资作为诱使某人完成所需工作的唯一途径。①

例如,国家能够以较低的工资为国家森林雇佣森林护林员和猎场看守人;而除了较高的工资以外,没有任何东西能诱使人们成为法院接待员或监狱看守。

国家也更容易招聘一名地区总督职位的候选人,他虽然工资很低,但他相当独立,并在其辖区内有很大的行动空间;相比之下,一个内阁的高位,除了在这种职位下缺乏独立性和多样性以外,其中的人还总是依赖并受制于上级,完全被剥夺了他自己的个性。

---

① 斯密讨论的第一种情况再次出现。同上,Ⅰ.ⅹ.b.2。

在所有公共事务中，特别是在确定工资上，赋予一个职位的荣誉都是至关重要的因素。在大多数情况下，这是吸引许多青年才俊在工资较低的情况下进入公务员队伍的有效手段。① 荣誉本身就是一种奖励，只有政府才能给予，只有那些将自己的服务奉献给公共利益的人才能获得。

除了道德义务外，国家在维护其公务员的荣誉和声誉方面能获得重大利益；一旦丧失它们，就必须花费使财政枯竭的大笔资金来吸引一流人才；然而，国家将不会得到受荣誉驱使的公务员们竭尽全力时——尽管收入微薄——的那种优质服务。

军人和公务员受到高度重视，并具有特别显著的社会地位，这符合国家的首要利益。这将使许多受过教育并受人尊敬的人进入这些行业，国家将拥有更好、更诚实的公务员，同时减少对他们的支出。因此，它必须坚决杜绝任何对军队和官僚阶层的攻击，不允许任何可能降低这些职业声誉或贬低其职业的行为；如果有人试图这样做，国家应该把他视为公共利益和政府的敌人。

国家对寻找有杰出才能的人特别感兴趣，特别是一些职位的活动范围绝对需要具有优秀才能和良好教育的人。但是，为了招

---

① 在笔记本中重复了斯密（1776年）在Ⅰ.ⅹ.b.2中已经提出并明确阐述的观点。

募这样的人，国家必须为他们提供快速晋升的机会。① 因为，如果它给有才干的公务员高于同级别平庸公务员的薪酬——这个政策本身在私人雇主使用时并不糟糕——它会因不公而……（接下页）

---

① 斯密讨论的第五种情况，原本鲁道夫没有给出它。参见同上，Ⅰ.ⅹ.b.21,"成功的可能性或不可能性"。

政治经济学 XI. 1876 年 3 月

受到指责。因此,有才能的人必须有更好、更快晋升的职业前景,而平庸者将留在他有限的活动范围内。

通过这种方式,许多有天赋的人被吸引到公务员队伍中,因为他们意识到,他们的抱负将会实现,他们未来的物质福利将掌握在自己手中。

实行庇护制会让国家对自己造成最大的损害,因为这给公务员的薪酬制度带来了不道德的妄为和不公,这破坏了对政府的信心和它的声誉,使好人离开公职,并让坏人取而代之。政府——本应该超越平民的激情和政党的喧闹——因而陷入阴谋之中。

在这种情况下,国家迫切需要格外诚实和正直的人。由于人民,特别是低阶层人民,往往容易受到诱惑,并且,由于政府必须为某些职位找到绝对值得信赖的人,所以在这些职位上,必须为这样的可靠性支付额外费用。①

这是真的，例如和钱打交道的公务员，②如收银员和国家财产的监督员；对于了解重大国家机密的公务员，甚至是部长（特别是财政部部长）来说也是如此，他们的职位使他们能够比公众更快地了解事情——如果他们聪明地使用这些知识，可以从中牟取暴利。

当然，这种行为对国家有害，因为它们接近欺诈。普罗大众正确而强烈地憎恨位高权重的人滥用职权，牺牲他人利益来谋取个人利益。在仓促判断中，大众很容易怀疑整个政府，而不是将其怀疑限制在犯罪者一人身上。

对大多数无产者来说，如何度过晚年是一个令他们担忧的重大问题；所有的一家之主也都会担心，如果自己英年早逝，妻子和孩子将如何得到照顾。

一方面，私人雇主经常向其雇员支付比国家更高的工资，只要他们继续工作，私人雇员就可以过上更舒适的生活。但是，一旦衰老和疾病到来，无论有多大功劳，工人们都会被解雇，并失去生计。另一方面，国家向其公务员支付适当的养老金。

这是一种有效的方法，通过这种方法，国家把许多人招致麾

---

① 斯密讨论的第四种情况。同上，Ⅰ.ⅹ.b.17，"根据必须给予工人的或小或大的信任"来支付薪水的变体，现在的解释比以前更清楚了。
② 斯密，同上，Ⅰ.ⅹ.b.18。

下，并且，通过这种方法，国家得以用相对较低的工资来满足一些职位的需求。对寡妇和孤儿的国家抚恤金具有同样的效果，它们充当了强大的磁铁，吸引了许多人进入公职。因为，相比私人就业中经常能博得的暂时高薪，大多数人都更重视保障他们的晚年及其家庭的生计。

相对地，如果这些福利被随意地授予不够格的年轻公务员，并且没有充分的理由，对其中一些人的偏袒以牺牲更年长或可能更应得的人为代价，那么政府的声誉将会降低，许多优秀的人将会离开，吸引来的是更糟的人。

毫无根据地偏袒一些官员，以及毫不合理地解雇另一些官员，会助长和增加不满，在真正的公正和平等待遇没有得到严格遵守时，生产精神就会消失，阴谋和庇护就会逐渐登场。因此，国家将越来越难以寻找能人来担任要职，并且必须求助于高薪——这将显著减少其资源。

因此，国家必须加强和培养爱国主义、自尊，以及这样一种意识，即为公共利益而努力是有价值的。通过这种方式，它可以培养年轻人，让他们在长大后将精力奉献给国家。但是，为了拥有优秀的公务员，政府必须赋予公职荣誉，必须为其公务员提供良好的社会地位，从而提高公务员的自尊和声望。通过养老金和上述各种规定，国家必须为他们的生计负责，直至他们死去，并供养其家庭。

通过这种方式，在只花费适量公共资源的同时，国家将拥有一批可敬和有能力的军人和公务员，他们在自尊和爱国主义的驱使下，将一生的工作奉献给公共利益。

1876 年 3 月 17 日

鲁道夫

【在边页空白处补充：始于 1876 年 3 月 18 日】

什么决定了国债的利率？
（论利息理论）①

政府可以大规模借贷的利率取决于一些原则，它们与适用于个人小规模借贷的那些原则相似。

与其他一切事情一样，贷款利率体现了众多政府和个人的有利或不利的情况。因此，利率反映了所有最秘密的经济影响，它们无意地出现在了利率里。②

---

① 因为门格尔以异于斯密（1776 年），Ⅰ.x.，"论工资……随劳动的不同"的形式提出了工资理论，并且也不是来自讨论工资水平的Ⅰ.viii.，他现在回溯并呈现Ⅰ.ix.，"论资本利润"，这一章从ix.4 开始，主要讨论的是利息。正如讨论工资是从给公务员适当薪酬的政府角度出发，所以这里是"政府可以借贷的利率"，这是所选论据遵循的路线。

② 斯密（1776 年）强调，利率的"法定规则"，在它们有效的地方（即在英格兰），"看起来追随了市场利率，而不是走在其前面"（Ⅰ.ix.5）。整章都在唠叨这一点：利率是"一个国家的状况，即富裕或贫困"的表达。

▶ 政治经济学Ⅺ. 1876 年 3 月

假如国家只是其各部分的总和，其信用由身处其中的个体信用决定，那么在政府代表着整个社会行动的事务上，它将主导其各个组成部分，及至最小的细节。

因此，正确的说法是：个人所要求的利率，应该取决于整个国家的利率，社会在金融事务中可靠的声誉及其资本的充足①将对政府的信用产生有利的影响。当然，一个国家的整体声誉是好是坏，②只能被视为其财务状况的一个非常一般的特征。在个人的情况下，一个人的后天特性和先天特性及其经济状况是最重要的因素。③

因此，利率首先取决于一国一般而言的惯常利率，也取决于借款人的信用和可信度。对于资本家贷款人来说，借款人的可信度越高，他的商业交易越安全；他的资本存量越大，他的品性就越可靠。

这些相同的品质也决定了政府的信誉。④ 当一个国家以其充裕的资本而闻名，并因此利率普遍较低时，贷款的利率将会

---

① 斯密（1776 年），Ⅰ.ⅸ.13。
② 斯密（1776 年），Ⅰ.ⅸ.16，给出了"收回……钱的不确定性"作为高利息的一个原因。
③ 劳（1855 年），第 281—284 页，可能启发了这一段和下一段。劳强调了不同债务人的不同风险对利息的影响，以及法律上安全或不安全的重要性。
④ 斯密（1776 年），Ⅴ.ⅲ.2："在君主和臣民那里都有存储和囤积的同样倾向。"

很低。①

　　这是政府和个人节俭的回报。如果十分的节俭，以使许多人积累下资金，那么不仅个人，国家也能够以低利率借款，并以较低的成本开展业务。另一方面，如果一个国家由于其奢侈而失去资本，如果其公民以鲁莽而闻名，那么由于其不利的经济环境，他们将遭受实际的损害和匮乏；此外，他们会感受到高利率的缺点。这通常会使许多企业变得不可能存活，并且肯定会使一切经济活动变得更加昂贵和困难。②

　　在这方面，国家频繁借款和过度征税③都具有特殊影响。前者削弱了一个国家的资本存量，④而后者则阻碍了资本积累。⑤ 在这两种情况下，国家都会使利率上升。此外，国家可借的利率取决于其诚实而迅速地偿还债务的声誉——和私人一样。

　　因此，正如个人一样，政府的主要义务之一就是发挥自己和整个国家的最大优势，诚实而艰苦地从事大规模的货币交易，及

---

　　① 劳（1855年），第290页：当一个国家富裕时，利率是低的，这意味着资本的增长速度远超人口。

　　② 与他自己的主观价值论相反，门格尔提出了价值的成本理论［例如斯密（1776年），I.vii.33，"自然价格……随其组成部分——即工资、利润和地租——的自然率的变化而变化"。］因此，更高的利率使"一切都更加昂贵"。

　　③ 根据斯密（1776年），IV.vii.b.20，"税收减免"是一个国家繁荣的重要原因，而"荷兰"已被"重税""毁掉"（V.ii.k.79）；而"丰富的财富"是低利率的主要原因（I.ix.14）。

　　④ 根据斯密（1776年），V.iii.47，公共债务减少了支持"生产性"劳动的资本，从而降低了一个国家的繁荣，并根据V.iii.49，导致了"资本的破坏"。

　　⑤ 根据斯密（1776年），V.ii.h.14，高税收减少了资本存量。

▶ 政治经济学Ⅺ. 1876 年 3 月

时履行其所有义务,① 并保持诚实和可信的声誉。遵守这些原则将对人民产生有益的影响：经济将蓬勃发展，并且，随着所有金融交易变得更加容易，将会出现普遍的繁荣。

但是，政府有一个特殊的理由，以最严格的诚实来处理其财务事务。它自身不诚实会产生重大的后果。② 并且，个人有在其之上的警觉的法院，政府却没有可以仰仗的法官来推动它履行其义务。但是，它对诚实原则的违背受限于随后发生的实质性损害——物质上的和道德上的——以及随之而来的不满（它本身就常常导致叛乱）。此外，对历史的判断必须考虑到一些重要因素，应该让君主和政府在国家事务中免受众多不端行为的影响。

当经济事务出现混乱，接着国家破产一次甚至多次时，对原则的违反将付出痛苦的代价。③ 那么，新国库贷款——可能会变得必要——的利率将会大幅上升，而且很难找到任何贷款对象。如果政府用不合理的烦恼和狡辩来困扰其债权人，例如，如果对国债利息征收重税，如果支付这种利息的海外营业处被关闭，或者对债权人支付国债利息受到任何其他阻碍，类似情况也可能

---

① 在这里，门格尔可能会想到他在维也纳大学的资深同事的教科书中最自由的一段，洛伦兹·冯·施泰因（Lorenz von Stein, 1871 年），p. 672 ff.，"公共债务的利息"："财政部必须通过足额归还所欠利息的完全可靠性，来确保可借的数量和价值。"
② 斯密（1776 年），V. ⅲ. 7："在任何对政府公正没有一定程度信心的国家，商业和制造业……都很少能够蓬勃发展。"
③ 斯密（1776 年），V. ⅲ. 60 研究了由公共债务引起的国家破产。

发生。

也可能发生这样的情况：国家不得不支出超过其收入的钱——不仅是出于自身过错，有时也是出于形势所迫——从而最终陷入财政困境。在紧急情况下，通常不予考虑过度债务的后果，[①] 因此灾难随着赤字上升而增加，这让获得更多贷款变得越来越困难。因此，国库贷款的利率将会越来越高，赤字将会持续下去，特别是当税收负担相当大，而公共财政已经承担了巨额债务的时候。

如果能预料到一个国家可能会受到战争或革命的威胁，那么利率也会上升，因为每个人都知道，这种场景需要消耗大量资金，并且，公共收入（即税收）会因为无人工作而下降。因此，国家的秩序和存在会受到威胁，以致偿还债务变得不确定。

如果在这种危险之前，一个国家的财政状况已经令人沮丧——由于之前的错误或不幸和动荡——它在这种混乱中面临巨大的风险，并且几乎不会毫发无损地脱身。富裕的资金和名声在外的信誉提供了一个基础，在此之上，任何人都会愿意向政府贷款，它们是国家的坚实基础，[②] 让国家可以平静地面对任何危险。

[①] 参见斯密（1776年），V. iii. 4–5。

[②] 斯密（1776年），V. iii. 4："在和平时期没有节约，在战争时期就只好被迫举债。"

在奥地利，我们还没有达到这个阶段，但应该努力实现这一目标。

为此，我们首先必须努力通过管理好我们国家银行的纸币来使其处于有利地位，通过勤俭节约来在公共收入和公共支出之间取得长期平衡，① 通过及时履行债务来增加政府的信用，并且——如果可能的话——甚至通过适当的政府措施，来降低税收，或以某种方式增加人民的财富。

那么，作为一个财务状况良好的国家，我们将享有良好的声誉，如有必要，我们将能够以适中的利率借款。通过这种方式，我们在国外的声誉和在国内的满足度都将增加。

维也纳，1876 年 3 月 23 日
鲁道夫

---

① 斯密以此来结束了《国富论》；参见斯密（1776 年），V. iii. 92。

政治经济学XII. 1876 年 3 月

论地租随耕种改良而增加的原因①

随着耕种的普遍发展，所有现代国家都见证了地租的增加。②

农业地产的收益逐年增长，毫无疑问，土地是最可靠的财产，可以保证价值和回报的不断增加。③ 所有发展中国家都能观察到这一现象，特别是在一些国家里，某些地区直到最近还远离公路，它们尚未开垦④且不能产生回报，但现在由于耕种技术的进步而产生了更大的回报。随着文明的进步，这片土地因其尚未

---

① 斯密（1776 年），Ⅰ. xi.，"论土地租金"。
② 斯密（1776 年），Ⅰ. xi. p.1，总结道："社会环境的每一次改善都倾向于直接或间接地提高土地的实际租金"。
③ 斯密（1776 年），Ⅱ. iv. 17："……土地是极稳当可靠的。"
④ 斯密（1776 年），Ⅰ. xi. b.5，"良好的道路、运河或可通航河流，由于减少了运输费用"而能够增加租金，并"鼓励偏远……乡村的耕种"。王储将进一步广泛讨论这一点。

▶政治经济学Ⅻ．1876 年 3 月

开垦的土壤或大片树林，而变得越来越有价值。

20 年前可能产出 5000 弗罗林的土地，现在可以产出 10000—15000 弗罗林。对于通过修建道路，从最原始阶段迅速发展到文明阶段的国家来说，尤其如此。一般来说，有土地的贵族和房地产业主比以往任何时候都活得舒适，这清晰地证明了地租一直在增加。这可以通过农产品价值稳步增长，和通过进步的耕种获得的收入来解释。无论他们的社会阶层和财务状况如何，农业生产者都能保证有一个繁荣的未来，并且可以确保他们的收入来源基于最坚实的基础。①

对于收入逐渐增长的有地贵族富裕阶层而言，这一点尤为明显。尽管食品价格上涨，但这些绅士中的大多数人今天的情况，要好于 20 年前。

但是，让我们把注意力转向这些现象产生的原因。最重要的是，我们必须将日益增长的人口密度视为一个重要原因，因为越多人生活在一片土地上，就需要越多农产品来养活他们。② 文明的进步为许多人提供了工作和生计，甚至吸引了来自国外的人力，这也需要一个不断发展的农业部门。由于需求增加，其产品

---

① 这个非常斯密主义的预测恰逢欧洲处于也许是史上租金最大低谷的开端（由于海外进口），这次低谷导致欧洲土地贵族陷入破产。
② 罗雪尔（1864 年），§156，p. 313，"文明的进步将有助于增加租金"——第一种方式是人口的增长及其对农业生产的影响，而大城市的人口集中是第三种方式。

将以更高的价格出售,因此,土地所有者的收入增加了。

我们必须提到运输方面的改进,它是土地收入增加的另一个主要原因。农产品更快、更安全尤其是更便宜地进入市场。运输成本越低,意味着生产地的农产品的价格越高。这有利于土地所有者,他们的收入因此明显增加。也就是说,运输的改善使土地收入的持续增加成为可能,并保证了额外的农业产出。偏远的肥沃地区拥有可能完全尚未被开发,或至少未被充分利用的资源,可能很少或根本没有为其所有者提供回报,因为他们缺乏交通手段而无法出售他们的产品。现在,这些地区与市场相连接,在市场里,他们的农产品按其价值出售,因此他们的财富增加。①

毫无疑问,交通手段是重要的文明工具,因为它们使遥远的地区能够相互交换资源,并抹平分割它们的、在教育和财富上的巨大差异。

回顾过去,我们可以看到文明以及土地价值和产量的增长,是如何与交通的改善慢慢携手共进的。首先,道路修好了——然后得以改善——可以提供从肥沃地区到大城市的便利交通。不仅是陆路交通,水路交通也大幅提升,这样做是为了使通航河流附近的地产可以逐步利用其资源,这就是为什么人们总是规范河

---

① 斯密(1776年),I. xi. b. 5。

道，并组织航运。随着文明的进步，人们修建了运河，来进行水上交通。① 最后，人们发明出轮船，来快速安全地将货物运送到河流上下游的市场。

以类似的办法，陆地交通的进步发生了。起初，有轨马车被发明出来，这是早期的铁路。不久之后，发动机牵引的列车随之而来，这是向前迈出的重要一步，非常有力地推动了农业发展：现在，即使是来自最偏远地区的农产品，也可以在最短的时间内，以最低的成本和最安全的方式进入大市场。

当然，快速和有利可图的销售导致产量大幅增加，从那时起，农业和林业以最经济的方式实施改变，土地收入逐年增加。所有的土地都物尽其用，② 作为铁路发展的结果，连最偏远的大片土地都得到耕种，并成为大笔收入的来源。

由于文明的进步，尤其是交通运输的改善，地产的回报及其价值不断增长。

随着文明的进步，利率和机械价格下降。③ 这两种效应都极大地有利于农业生产者，特别是如果他知道如何利用农业创新，恰当地运用创新来增加其地产的回报的话。

---

① 到目前为止，这与斯密（1776 年），I. xi. b. 5 中的列举相对应，尽管斯密在通航河流之前提到了运河（搞反了运输改进的历史顺序）。
② 斯密对所有"资本"的一般格言。
③ 参见斯密（1776 年），I. ix. 14。

简言之,一个正在进步的文明有助于增加其土地收入。不断增长的人口对食品的需求很大,更廉价的劳动力也大幅增多。可靠的交通手段将货物带到城镇,便利运输,并传播文明。有用的农业机械的发明使昂贵的人力劳动变得多余,并倾向于加速生产中所需的步骤。所有这些,都是推进文明进步的结果。那么,土地所有者为什么在改善文明上有巨大的经济利益,以及这些改善如何增加收入,就一目了然了。

这些只是私人上的优势。人们还意识到,有效耕种一块土地,代表着对公共利益的个人贡献,也就是说,对一个国家的文化和财富的贡献。跟上农业的发展,不仅仅是为了他自己的利益,也是每个农业生产者的责任;坚持过时原则,固守过去做法的人会伤害自己,并损害国家的财富。特别是大型贵族家庭,他们拥有广袤的地产,并且是土地所有者的主要代表,应该树立一个好榜样。他们应该以最现代化的方式耕种土地,来提高耕种技术,并避免落后于其他国家。通过建立模范农场作为参考标准和作为所有农业生产者的培训设施,贵族家庭将有最大的机会为国家的文化利益服务。贵族应该牢记其在这一领域的崇高使命,由于它拥有最大的地产,它可以通过促进农业,找到一个有回报的未来和一个新的目的地,并可以替代其式微的力量和不同寻常的地位。但是,如果它试图通过维持反动原则和政治短视来处理与国家经济利益相关的事务,则会损害其自身的财富,并阻碍国家的进步。①

因此,对于一般的土地所有者,尤其是地主贵族,在经济领域里会从迅速采用创新和改进的技术中受益多少,再怎么强调也不为过。

维也纳,1876 年 3 月 30 日

鲁道夫

论饥荒事件中政府应采取的措施
(论价格理论)②

由于农业,特别是交通手段的巨大进步,饥荒已变得越来越稀少。③

因此,在过去几个世纪里可能降临于一个民族,并频繁复发

---

① 这种对贵族的强烈劝告呼应了斯密的怀疑主义,尽管原话不是这样。他在(1776)Ⅲ.ⅱ.7 中说:"然而,很少有大地主会是大改良家……改良土地,像各种商业计划一样,需要获取利润,不注意小节省、小盈利是绝对不行的。但生在富贵人家的人,即使天性俭朴,也不大能够做到这一点。"

② 总的来说,门格尔跳过斯密(1776 年),Ⅰ.ⅶ.,"论商品的自然价格和市场价格"。相反,他通过斯密提出的案例,即Ⅳ.ⅴ.b,"顺便谈谈谷物贸易和谷物法",暗示说明了价格理论,主要讨论了斯密称为"粮食不足和饥荒"的问题,以及在这些问题上采取的无知的政府政策。同样,劳(1854 年),Ⅰ,讨论了谷物贸易和饥荒(第 271 页后)。门格尔显然借鉴了劳和斯密。

③ 劳(1854 年),第 271 页(§139,第二句)。

的最可怕的灾祸之一，已经减少到最小限度，只在异常情况下发生。

由于交通上的重大改善，一个国家现在可以通过进口来抵御，或至少大大减轻即将到来的苦难。① 特别是，那些除了农业之外，在其工业中拥有大量财富来源的国家，会免受此类事件的影响。像俄罗斯、波兰和部分奥地利这样的农业国家和地区，其财富几乎全部来自肥沃的土壤，如果饥荒席卷了该国大部分地区，它们可能仍然会损失惨重。如上所述，今天只有大饥荒才会令人担心，这些饥荒使整个国家都无法提供救济手段，并要求它在国外寻求帮助。

由于当地粮食短缺，而在一个地区爆发的区域性【饥荒】，并不会超出当地的范围，这种情况现在很难变得危险，因为由于铁路和各种其他交通手段，这种事件会在初期阶段受到抑制，因为食品可以从邻近地区发送。

如今爆发的饥荒，总是由收成不佳造成的。

在大多数情况下，收成不佳不会把一个富裕国家损害到造成饥荒的程度，但一连串相继发生的收成不佳可能会造成灾难。

---

① 斯密（1776年），Ⅳ. v. b. 39: "……正如在一个大帝国的不同省份之间，内陆贸易的自由出现了，按道理，据经验，这不仅是缓和粮食不足的最好方法，而且是防止饥饿的最好方法；大陆内各国间的输出和输入贸易自由，也是缓和粮食不足和防止饥饿的最好方法。大陆越广大，大陆各部分间水运、陆运交通越便利，其中任何部分遭受这些灾难的可能性便越小。"

▶ 政治经济学Ⅻ.1876年3月

任何饥荒都是一个国家的可怕灾难。一方面，它具有带来巨大痛苦的后果，它导致疾病，而疾病造成无数人死亡。另一方面，文明和教育的进步受到阻碍，由于惨淡的缺失，它们被野蛮和各种罪行所取代。国家的职责是通过任何可用的手段防止灾难，它须支付大笔费用，并将因为在国外的大规模采购而让国库空虚。虽然富裕阶层遭受这种灾难的影响较小，但该国的整体繁荣却深受动摇。可悲的是，受到饥荒的打击最为严重的，总是人口中的贫困阶层，他们无论怎样都过着需要艰苦工作和面对持续贫困的无趣生活。当食品短缺，价格上涨时，① 市民就买不起它们，而首先受此灾害影响的农业生产者，就无法收获其辛劳的果实，等待他们的是饿死，或至少是一种最悲惨的生存状况。因此，在饥荒的情况下，尽最大努力帮助缓和贫困阶层的痛苦，是国家及其中每个人最神圣的义务之一。

在饥荒期间，无论如何都不能过多干预经济问题的政府，也会遇到阻碍，以及大大限制其努力的困难。②

最重要的是，政府应该查明经济是否可以自助——在任何情况中，这都将是最好的事。③

---

① 斯密（1776年），Ⅰ.ⅶ.9，"……饥荒中必需品的过高价格"。
② 斯密（1776年），Ⅳ.ⅴ.b.7："因为真正粮食不足的痛苦，是不能除去而只能减轻的。"而"减轻粮食不足的痛苦的最好方法"就是"不受限制的谷物贸易自由"。劳（1854年），第277页，说政府无法"控制价格"，必须寻求"自然疗法"。
③ 参见斯密（1776年），Ⅳ.ⅴ.b.7。

通常情况下，这种情况发生在各方都采取面对这种情况所必需的措施的时候。毫无疑问，根据人们身处的情况，自然而然地采取的那些救济措施，将是最有利的。

如果该国没有足够数量的谷物而随即发生饥荒，自然地，以非常高的价格出口已经不足的谷物是不可能的。相反，由于谷物价格高，受饥荒影响的国家将从邻国进口谷物。① 此外，所有私营企业应自行停止蒸馏白兰地，② 或至少将此业务减少到最小限度，以便谷物可以优先被用于烘焙面包，而不是在酿酒厂被用光。

---

① 斯密（1776年）没有明确说明提到的两种效应——当然，这是不言而喻的——但他对谷物法进出口的长期研究表明了这一点；参见Ⅳ.ⅴ.b.35–53。

② 斯密没有提到对蒸馏的影响。

政治经济学Ⅷ.1876年4月

在严重缺粮的情况下,牛的饲喂也会以同样的方式处理,在这种情况下,即使没有政府干预,饲养家畜的也会是其他物料,而不是谷物和其他适合人类食用的东西。①

所有这些措施都不是通过政府法令来实施的,而是由于环境的力量,通过每个农业生产者来自主和个别地实施。②

此外,在苦难和贫困的时候,节制和节俭肯定会主导昂贵食品的消费。由于纯粹的饥饿和缺乏食物,穷人被引导限制他们的消费,他们不需要做出任何明确的特别决议。在这种时候,即使生活富足的上层阶级没有立即被迫对自己的食物消费精打细算,他们也应该这么做,以便尽可能少地影响普通人的食物供应。此时,富裕的贵族要表现出一种真正的人道主义态度,而政府应该树立良好的榜样。这样的节制会被复制到社会的各个层面,而最

---

① 斯密也没有提到这种效果。
② 一个典型的斯密主义概念。

贫穷的阶层则有更多的机会逃避饥饿。

农民也必须小心节约谷物消费。例如，当谷物非常稀缺时，应严格避免①播种中的任何浪费，以便只使用最少的谷物。不过，这项措施也将由农业生产者自愿采用，因为他可能比其他人更敏锐地感受到饥荒的灾难。

迄今为止提到的所有措施，都反映了个人的自身利益。② 它们是自然出现的途径，而国民经济让人们自己采用这些途径。

现在让我们把注意力转向政府在饥荒期间试图采取的措施，并考虑何时可以接受这种措施。政府很难干预经济事务，特别是在涉及个体公民最私人的利益时。

烦琐的规则和法令常常产生与预期相反的效果。③ 例如，固定谷物低价的法令肯定是无效的，因为在谷物短缺时，谷物变得更贵是十分自然的。而且，尽管政府下令，价格肯定不会改变；人们只会绕过法律，背着当局提高价格，它可能与高利贷法的情况相同。④

此外，明确禁止谷物出口的法令将毫无用处，因为正如我们已经看到的那样，在这方面国民经济必须自助。在饥荒的情况

---

① 劳（1854 年），第 274 页，明确提到这是一种政府可以采取的道德劝说措施。
② 当然，自身利益的社会好处是斯密的核心概念（1776）；参见 I.ii.。
③ 这是斯密（1776 年）在 IV.v.b 中论证的主旨。
④ 斯密（1776 年）在 I.ix. 中讨论了它们形成了问题的影响。在 I.ix.9 中，提到了"安全而简便地规避法律的方法"。

下，出口会立即停止，因为国内的短缺会阻止剩余少部分的出口，我们很难想象别的情况。因此，明确的监管通常是无用的，政府无效的法律总是有害的。只有在粮食继续出口造成了明显的损害的时候，政府才能通过实施出口禁令来阻止出口，但只有真正的紧急情况①才能为这种对个体公民权利的干预辩护。【门格尔在页边空白处补充：在国外重大歉收和在国内过度丰收之后。】因为，在大多数情况下，这种监管会对个体农业生产者造成重大损害。对于那些主要收入来源是农业的国家来说尤其如此，即使在收成很差的情况下，大片耕地仍能避免粮食稀缺。如果这种灾难普遍存在，并在几个国家发生，包括那些即使在好年景中也耕种相对较少的国家，那么来自农业国的粮食可以高价出口。如果国家试图通过严格禁止来防止出口，这将是对一些人的明显歧视。②的确，这对农业生产者和个体谷物商来说的福利，坏处是将食物带出了国家。然而，结果是外国通货流入。此外，禁止向水深火热的外国出口食品可能会引起报复性措施。例如，邻国可

---

① 门格尔关于在粮食不足时期停止粮食出口的建议，违背了斯密和劳的精神。劳（1854年），第272页，明确表示禁止玉米出口经常被证明是无效的，但认为在"紧急情况"中禁止蒸馏是合理的。门格尔在下面的论证中或多或少采取了相反的立场。也许王储混淆了所指的内容，这可能是短期权宜之计和长期最佳利益之间的对比。

② 这些评论涉及奥地利的特殊情况，因为奥地利仍然是一个农业国而非制造国。尤其是奥地利在1867年获得了丰收，而整个西欧都收成不好，这使奥地利的谷物出口收入非常高。

能长期暂停出口前一个国家急需的产品。或者,如果发生另一场饥荒,其他国家也会停止粮食出口,从而极大地增加了苦难。

因此,如果政府把公民的福祉留给他们自己,肯定会更为有利。① 它肯定会得到最好的结果,因为在危险和贫困的时候,个人永远不会采取分散和浪费宝贵食品的举措。最普通、最简单的常识导致一个人必须本能地节约,并迫使他采取措施,把食物的适度消费限制在仅限于供人食用的程度,而忽视所有其他可能的用途。

因此,如果政府以家长式和烦人的方式,通过琐碎的监管,例如,禁止从谷物和土豆中提取白兰地,那么从整体上看将无济于事。② 如今,这样的监管很少会被证明有用,因为既然个人的理性、教育和意志力都无济于事,法律文本和公务员所用的手段也就根本没用。此外,要保证完全遵守这些法令是不可能的,因为它们会严重影响到个人的私人领域,并不是每个人都可能受到如此密切的监视。对于节俭消费播种和面包用的谷物来说,尤其如此。在这两种情况下,残酷的必要性和常识会迫使个人节俭,如果国家试图强行解决这个问题,它实际上必须给每个公民分配一个官僚来监督他——这个程序当然并非没有困难。

简言之,这不是政府可以或应该表现出其渴望改善这种悲惨

---

① 斯密(1776年)各处,例如Ⅳ.ⅱ.9。
② 明确地说,劳(1854年),第272页。

状况的方式。在这里，和所有地方一样，政府只有在公民自己的手段不足以改善他的状况，或不足以阻挡危险时，才有义务保护他。因此，政府只应在极端情况下从国外大规模进口粮食。但即便如此，也要注意不要切断私人投机，这种投机也会带来大量的食品进入该国。①

如果有各种事件导致政府预期会发生饥荒，那么它应该更快地开始购买食品，并用简单的语言提醒所有农业生产者注意即将到来的危险。② 一方面，这些呼吁应该促进个人公民的审慎和勤奋；另一方面，它们应该促进处于危险之中的国家的每位公民作出牺牲的社区精神和意愿。政府应该表明，在这样的时刻它能做的有多么少，应该让公民自己处理问题，告诉他，在他自己的韧性、勇气和社区精神中，他能找到自己和国家最坚定的支持。

明智的政府，愿意做出牺牲的人道的上层阶级，以及坚强的民众，将共同坚决抵御哪怕是最严重的饥荒，并找到迅速克服它的方法。

鲁道夫

---

① 斯密（1776年），Ⅳ. v. b. 41。
② 劳（1854年），第273页，建议政府收集有关收成的确切信息；如果这表明粮食必须进口，就应该尽早完成——粮食商自己承担风险；只有在紧急情况下，政府应该作为购买者介入。

公共财政 论税收 I 1876年

论直接税和间接税[①]

国家是所有公民的总和,并被构想为一个人,为了在公民力所不及的地方代表他们的利益,它需要大量的资源来实现其目的。

只有在越来越罕见的情况下,政府才能拥有可观的收入来源。[②] 它必须通过社区的财富来寻求实现其目的的手段,并通过税收来获取这些财富。[③] 公平税收的想法可能非常高尚,[④] 但在实践中很难拟定适当的税率——由于其无可比拟的重要性,任何政

---

① 斯密(1776年),V.ⅱ.,但是,斯密没有使用德语术语"直接"和"间接"税。
② 参见斯密(1776年),V.ⅱ.a.。
③ 斯密(1776年),V.ⅱ.b.。
④ 斯密(1776年),V.ⅱ.b.2-7,然而,并非斯密的全部4条税收准则都出现了。

府都不能忽视这一目标。

只有未受过教育且目光短浅的人，才会认为只为了普遍的目的而分摊税收是错的。但是，如果国家的掌舵人滥用并毁坏委托给他们的公共财产，造成长期的财政困难，从而需要提高税收，那么不满意就是合理的，并且以任何方式改善局势的企图都将是恰当的。由于这些原因，实行一种税收制度，即个人按其手段的比例贡献，①并为某些税种找到更便利的形式，很快就有了残酷的必要性。

最重要的是，我们应该努力引入按照比例税制，即按照个人收入的比例征税，②而不是在不考虑个人收入的情况下，对每个人施加同等税收负担的制度。所有税收的最终目的，都是实现政府的伟大目标，每个享受成果的人都应尽其所能地贡献。如果可行的话，最好是按比例对所有公民的净收入征税，但要注意最贫穷的阶层应留下足以提供最低生活保障的金额。③ 最重要的是，无财产的公民有权要求社区提供他们无法为自己提供的保护。④

---

① 斯密的第一个税收准则，即税收"跟能力成比例；即与他们分别享有的收入成比例"；参见（1776年）V. ⅱ. b. 3。

② 劳（1859年）是一本非常著名的教科书，除了斯密之外，门格尔可能使用了它。劳，第384页，为与"收入"（income，当然，斯密说的是"收益"（revenue），成比例的税收做了辩护。

③ 劳（1859年），p. 381。

④ 根据"各自在（管理联合）地产上所享利益"征税；斯密（1776年），V. ⅱ. b. 3。另见 V. ⅱ. c. 6，这里写了"富人不但应该按照收入比例为公共开支做出贡献，而且应该多贡献一些"。

国家的主要利益需要尽可能促进和支持普遍繁荣的扩展，因此，首先应尽量降低所有税收，特别是对穷人的税收。

有时，一个人甚至整个家庭都无法存下血汗钱的哪怕一部分，因为满足最基本的需要和维持悲惨的生活就需要全部金额，在这种严峻的情况下，国家不可能通过税收来毁掉其最正直和最勤奋的成员。并且，即使从工资中省出了初始的、微不足道的资本，国家也不能对这笔款项征税，因为它放弃的少量收入，及劳动阶级的节俭，与刚起步的小资产阶级那里获得的巨大好处并不相称。一旦这些人获得了一定的成功，就必须把他们视为对任何国家的有力支持，因为他们在最痛苦的苦难，和为生存而进行的斗争中，变得坚强。①

政府必须让他们维持最低生活水平。然而，要完全免除他们的纳税义务，就意味着要把整个阶层的人口排除在外，无须为维持一个秩序井然的政治制度做贡献，而他们在这个制度中享有的好处和任何富人一样。在许多人看来，这个阶级因此失去了要求和行使自己权利的索求权。②

然而，必须对富裕公民的净收入收取累进税。无论如何，这

---

① 斯密认为对工资征税"荒谬且具有破坏性"（V. ii. i. 5），但除此之外与门格尔对待它们的方式一度不同，认为它们将完全向后转移。

② 斯密（1776年），V. ii. g. 11："……每一项税收……给予那些纳税人的，不是奴役的徽章，而是自由的徽章。"

肯定会成为最好和最适宜的系统。了解所有公民收入的确切信息，意味着国家的普遍财富也是已知的，税收可以公正地进行。

但是，正如许多事情一样，尽管这种税收在理论上具有高尚和道德的本质，但它也是不切实际的。只有人们深刻地改变他们固有的性格，并像一个家庭一样生活，只为改善和推进公共利益而努力时，这个体系才会变得有效。

让我们首先看看，在现有条件下妨碍对净收入征税的实际因素。①

对于他们的事业，大多数公民需要的资金相对于他们的盈利能力而言是相当大的。这些款项将因税收负担而减少，并且很难被立即替代。因此，人们会试图通过隐瞒其净收入，借口有一大笔债务或其他此类方法，来逃避与其收入成比例的税收。②

在这方面，他们也是成功的。因为，只要收入不是国家支付给公务员的工资或薪水，就几乎不可能知道个体公民的真实收入。

因此，需要一大批官员来监督各种交易和企业，③ 而这种困难只会增加税收负担。由于对一些人征税过轻，而对其他人征税过重，这种对净收入的无知将产生显著的不公正。对于大多数社

---

① 劳（1859年），第385页（和其他各处）强调只对"净收入"征税的必要性。
② 本段和下一段跟随了劳（1859年），p. 413 f.。
③ 根据劳（1859年），第416页，德国的税收成本占收集金额的十分之一到八分之一。

会阶层来说，几乎无法做任何事来改变这种无知。①

对于富裕阶层来说，这尤为正确。

另一方面，在无产阶级中，对净收入征税会导致欺骗政府，并企图逃避直接税。在许多情况下，某些社会阶层不适合支付直接税，

    a. 因为他们无法省出必须按季度支付的直接税②金额；

    b. 因为他们可以轻易逃避直接征税。

因此，有效征税的主要障碍，是某些社会阶层缺乏稳定性和经济性，以及难以确定许多有产阶级成员的收入状况。那些领取收入和所有生活资料（作为公职工资）的群体将很容易征税，因为政府支付了这些收入，并知道确切的数额。但对于不为政府服务的所有其他行业和职业，以适当数额征税将相当困难。

因此，政府为所有其他公民引入了两种税：

1. 岁入税；
2. 购置税。③

---

① 这一段结合——但也修改了——斯密关于税收的第二条和第四条格言，税收的确定性及收税的廉价性。在后一个标题下，斯密谴责了"一大批（税务）官员"；参见（1776年）V. ii. b. 4 和 6。

② 劳（1859年），第425页，区分了直接税和间接税，这一区分斯密尚不知道，而门格尔显然没有充分解释。根据劳，政府的意向是，直接税不应该被转移。

③ 这一区分是劳的。劳（1859年），第423页，谈到税收 a. 根据财产或"可征税性"（劳使用"估价"一词），和 b. 根据"财富的使用"或支出（他称为支出或消费税）来收取。

▶ 公共财政　论税收Ⅰ　1876年

【门格尔在页边空白处补充：只解释这些是什么税！】

房地产业主①、各种企业家和金融资产所有者的岁入税是非常适宜的，实际上是迄今为止无法超越的。总收入和净收入（所有者通常自己都不知道）都是不征税的，征税的是资本回报【门格尔在页边空白处补充：这个回报本质上与房地产所有者的净收入等不同。但税务机关观点如下：一旦计算出回报，有人必然会收到这笔钱作为收入；对回报金额征税，近似于对相关收入征税】；通过这种方式，国家可以根据实际情况征税，而不仅仅是例行公事；国家将避免自身的不利因素，并通过岁入税保护其公民的资本存量。

例如，住房税现在按以下方式实施。在公寓房中，各方支付的租金是已知的，因此房屋的回报是已知的。然后扣除维修费用，并计算其余税款。② 如果业主自己使用的建筑物没有出租任何部分，则通过将其与附近的类似公寓房进行比较，来计算租金价值，③ 并征收相应的税费；在没有这种比较的情况下（通常是在农村的房屋），房屋按房间数量征税。这被称为按照类别对房

---

① 斯密（1776年），V.ⅱ.e.6-7 认为对房屋按比例征税是最好的税种之一，而且（V.ⅱ.e.8）可以"足够准确地确定"税基。
② 本段对应于劳（1859年），第82页后的缩写版本。
③ 劳（1859年），第86页后。劳详细阐述了这种税收的机会成本方面。

屋征税。①②

土地按照房产的大小、质量和土地产品的现行价格征税，也就是说：最终是根据收入征税。③

对国家来说，最大的问题是如何对资本家充分征税，他们依靠其资本的利息生活，而没有任何其他收入来源，④ 找出他的真实收入完全是最困难的事情。⑤【门格尔在页边空白处补充：国家如何去做？详细说明：

无法对无产阶级收岁入税。为什么？我们认为，收入税也不切实际。因此，我们收购置税。为什么这么做？主要有两个原因：

1. 无产阶级几乎没有稳定性收入；

2. 无法大额纳税。

为什么某些税收被称为间接税？】这种状况最好通过间接税来补救，这种间接税的设计，是为了对某些消费行为征税。⑥ 税

---

① 劳（1859年），第88页后。
② 另见斯密（1776年），V.ⅱ.e.8，通常——像在这里一样——门格尔使用斯密的段落，然后依赖于劳的细节。
③ 劳（1859年），Ⅱ，p.44。
④ 无论是在陈述这一困难还是在使用"资本家"（在一种狭义的、前马克思主义的意义上，一个以金融资本利息为生的食利者）一词时，门格尔都遵循了劳（1859年），Ⅱ，第140页后和第129页。
⑤ 斯密（1776年），V.ⅱ.f.3－7，同样对向利息征税持怀疑态度，并指出（作为对向地租征税的第一个区别）"一个人所拥有的资本金额，几乎总是一个秘密"（V.ⅱ.f.5）。
⑥ 斯密（1776年），V.ⅱ.k.1，以同样的方式论证。

收被加到成本中，但不会被立即显示为政府税。① 通过这种方式，只要他留在国内，没有人可以免税，甚至穷人也能够为公共收入做出贡献。【门格尔在页边空白处补充：在这里描述：间接税的特殊优势。参见 2 页之后（英德编辑：即 8v②。）】

无论间接税的优势——特别是对于无产阶级来说——有多大，它们必须被视为税收的附属形式。③ 直接税是税收收入或财政收入的更准确形式，国家可以以相当低的征收成本，来筹集更多的资金。通过征收直接税，国家能尽可能地满足其一般需求，而诉诸间接税，只是为了使无产阶级可以有助于税收。

税收意味着人们的牺牲，甚至最爱国的灵魂也会因税收负担过重，而受到严重打击。因此，无论是仅仅出于自私的原因，还是至少要把它变得更加适宜，政府必须首先关注的都是尽量减少这种必要的邪恶。④ 最后提到的这个目标，是通过在其适用范围内的间接税来实现的。

---

① 当我们知道斯密认为对必需品征税只会增加劳动力成本（即转为更高的工资）时，这个晦涩的句子就清晰了，反映出学生显然没有完全理解门格尔，并以引起误解的方式再现了可能的评论。
② 即本书第 187—188 页。中译者注。
③ 门格尔遵循了劳（1859 年），Ⅱ，p.191。
④ 斯密的第四条税收准则：可以廉价地收税；因为，据说收直接税的成本更低；参见（1776 年）V.ⅱ.b.6。劳（1859 年），Ⅱ，第 189 页详细论述了征收消费税更昂贵。斯密只争论了这一点——但非常有力——对奢侈品消费征税：V.ⅱ.k.60 ff.。

此外,我们必须看到,逃税的不可能性是这种税收形式的一大优势。有些人试图躲避直接税,另一些人甚至无法支付最低税额,但是(接下页)

公共财政　论税收 Ⅱ　1876 年

只要他们在国内，所有人都无法逃避间接税——他们经常不知道其存在，① 他们在享受的过程中就被征税了。国家对在该国任何地方购买的每一杯啤酒或葡萄酒、每一盘食物征税；这种负担感觉不那么紧迫，② 而且由于支付这些款项的时机，它们失去了税收的特征，缴税的人因为消费是如此愉快而忘记它们了。它们给人的感觉不那么尖锐，因为价格只是提高了一点，特别是在受教育程度较低的阶层中，任何愤懑都被归咎于实际收税的人（例如旅店老板、商人等），而不是国家。即便是生活再怎么简朴的人，也不可能拒绝付款，因为在许多情况下，如果想绕过这种税收，他除了避免生活必需的消费之外，别无他法。

总的来说，直接税是对有产阶级的适当税收类型，他们更享受生活，对其提出更大的要求，因此能够为公共利益做出更多贡

---

① 劳（1859 年），Ⅱ，第 187 页。
② 劳，同上。

献。另一方面，对于社会的无产阶级而言——他们的生活主要就是一连串的工作和艰辛——间接税更为便利。因为，他们虽然没有以直接税支付他们微薄的收入的一定金额，但他们仍然为公共利益做出贡献，从而在原则上即使不缴纳直接税，也能确保他们作为公民的全部权利。

这种税收方式，即直接税与间接税并行，并不意味着完全实现了一个完全公正的制度，即每个人都按照其净收入纳税，但它是最接近的。

这两种税都有其消极面。在大多数情况下，国家不会完全得到它真正想要的东西。然而，在大多数情况下，两者的结合创造了一个或多或少有效的系统。[1] 如果富人有时支付的直接税太少，这通常可以由间接税来弥补。此外，最好让国家不时受一点损失，而不是过度征税来危害国民财富。

所以，我们讨论了两种税收的优点；我们仍然只是提到最适合征间接税的对象；这是一个重要且困难的主题，因为很容易忽视这种税收的真正目的，即让无产阶级分担税收负担；因此，必须对无产阶级主要使用的物品征税。一方面，主要由有产阶级消费的东西（出于这个原因只是少量出售），不会给政府带来可观

---

[1] 在此，门格尔遵循了劳（1859 年），Ⅱ，第 191 页的观点。

的收入，对它们征税反而会有妨碍其生产的负面影响。[①] 另一方面，那些仅供富裕阶层人口使用的产品不应间接征税，因为无论如何，富人都是通过直接税最方便地帮助承担政府的负担。使用间接税，政府也可以轻易地和实质地影响个人生活中最重要的关系，并且可能很容易受到诱惑，利用这种影响来教育人民和改善人民生活。但除了它无权这样做，并因此可能通过干涉个体公民的经济领域和私人领域而容易犯错之外，政府也可以损害许多蓬勃发展的国内产业分支，就像对奢侈品的大多数征税的情况一样。

常用食品和立即消费的娱乐品[②]，例如啤酒、葡萄酒、白兰地、糖等，或政府垄断的商品，例如烟草、盐、火柴等最适合间接征税。【页边空白处：最常用的】

因此，间接税原则在适用于奢侈品或有产阶级的收入时，侵犯了个体公民的个人权利，也给已经受直接税严重打击的那些人口增加了额外的负担。

如果资本回报已经被征税，对资本存量的间接征税就是一种不合理的负担，这与公正税收的目的背道而驰，并削弱了社区。

[①] 斯密（1776年），V. ⅱ. k. 63 解释说："这些税收必然会对某些产业部门造成某种破坏或打击。"

[②] 劳（1859年），Ⅱ，第195页和第211页的推荐和原话。以下段落提及了（如章节标题明显所示）所有点名商品的税，除了火柴以外。劳的枚举几乎被完全列出，除了肉以外。

在任何地方，政府都无法像通过其税收制度，以及对其坚决而公正的实施一样，明确地证明其公正性。

政治家被社区委以信任，来促进个体无法自己追求的公共利益。他们不仅应该以最适宜的方式来获得国家所需的资源，而且还应该以能够为社区提供最大利益的方式来支出这些资源。他们使用众人的财富，这些人把财富委托给他们，希望享受共同的成果。因此，使用税收的目的必须使整个社区受益，这是那些被委以重任的人的最崇高的任务，因为履行它需要对公共利益透彻的了解，以及极大的智慧和谨慎。

为国内政策——特别是为增加普遍财富——所征收的最低税，对社区来说是最有利的。因为耗尽国内财富来实现的任何扬威海外实际上都反映出一种弱点，并且在大多数情况下，只有自私的野心会渴求它。

只要社区的财富最大、普通教育达到最高、个人自由而满意，国家——被构想为一个人——将最强大、最接近其崇高的目的。在这里，税收将不再被视为负担，而将成为改善个人福利和加强整个社区的手段。

鲁道夫

1876 年 8 月 11 日于巴德伊舍